WIEN

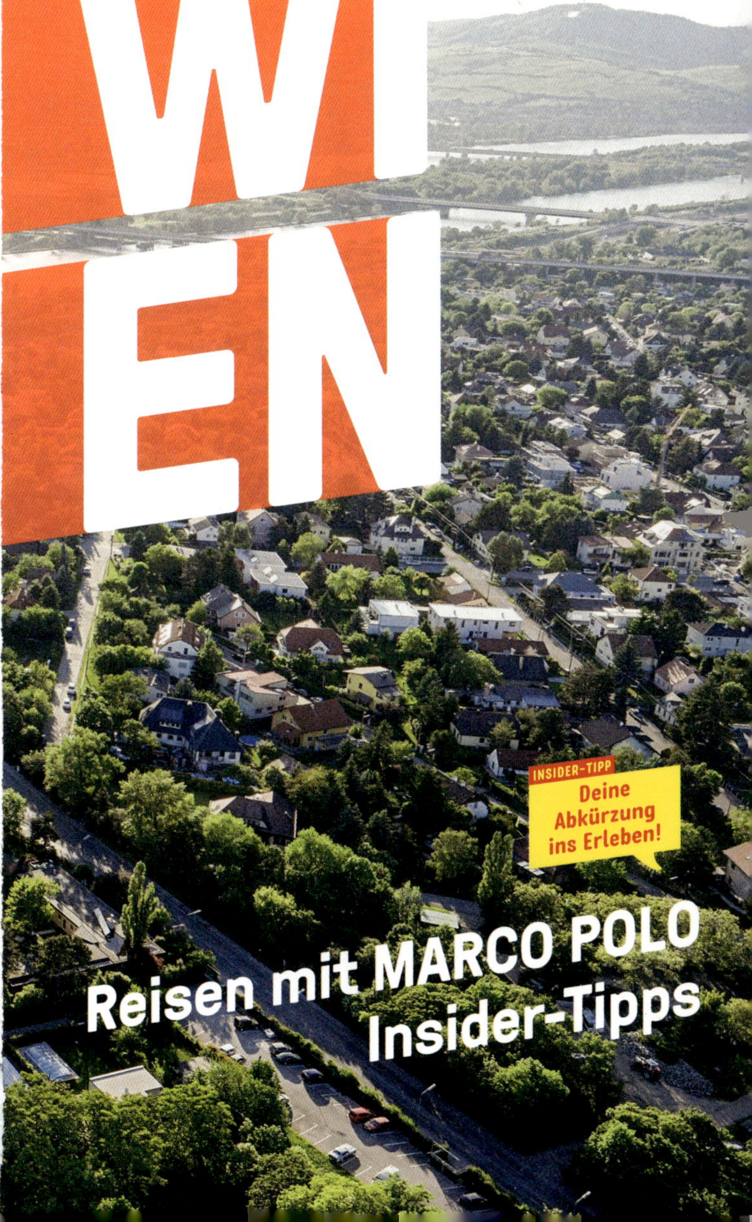

INSIDER-TIPP
Deine Abkürzung ins Erleben!

Reisen mit MARCO POLO Insider-Tipps

MARCO POLO TOP-HIGHLIGHTS

HOFBURG ★1

Früher Habsburger-Residenz, heute Arbeitsplatz des Präsidenten und Sitz zahlreicher Museen sowie der Nationalbibliothek

📷 *Tipp: Nimm den Prunksaal der Nationalbibliothek vor die Linse – einen schöneren Bibliothekssaal wirst du weltweit kaum finden*

➤ S. 36

KUNSTHISTORISCHES MUSEUM ★2

Im KHM kannst du eine der wertvollsten Kunstsammlungen weltweit bewundern, von Bruegel-Gemälden bis Goldschmiedearbeiten

➤ S. 35

BURGTHEATER ★3

Klassische und provokante Inszenierungen auf einer der bedeutendsten Bühnen Europas. Die „Burg" gilt als Österreichs Nationaltheater

➤ S. 110

STEPHANSDOM ★4

Der „Steffl" ist das Wahrzeichen Wiens. Wenn du durch die historische Innenstadt streifst, siehst du ihn im Zentrum emporragen (Foto)

➤ S. 44

MUSEUMSQUARTIER ★5

Moderne Kunst, Egon Schiele – oder einfach nur entspannen? Alles möglich im riesigen Kulturareal MQ

📷 *Tipp: Nutze den Fotoautomaten rechts neben dem Haupteingang für besondere Erinnerungen*

➤ S. 51

BELVEDERE ★6

Sich wie ein Prinz fühlen? Kein Problem in der barocken, auf einem Hügel errichteten Schlossanlage, die auch Kunstgalerien beherbergt

➤ S. 61

PRATER 7

Hier dreht nicht nur das Riesenrad seine Runden. Der Prater ist auch eine riesige Grünfläche, die Hauptallee mehr als 4 km lang!
Tipp: Architekturfan? Dann mach einen Schlenker zum Campus der Wirtschaftsuni! Die futuristische Bibliothek von Zaha Hadid ist ein tolles Fotomotiv

➤ S. 58

GLACIS BEISL 8

Eines der besten Schnitzel serviert dieses zentral, aber doch versteckt gelegene Wirtshaus. Der Gastgarten ist perfekt, um der Sommerhitze zu entfliehen

➤ S. 79

SCHLOSS SCHÖNBRUNN 9

Barocke Pracht: Die prunkvollen Räume der ehemaligen Sommerresidenz von Maria Theresia und der weitläufige, wunderschöne Schlosspark sind Weltkulturerbe
Tipp: Für den Blick auf Schönbrunn vor der Wienkulisse lohnt der kleine Anstieg zur Gloriette

➤ S. 64

NASCHMARKT 10

Schlendere über Wiens schönsten Lebensmittelmarkt, und nasch ein paar Delikatessen, die dir Händler lautstark anbieten
Tipp: Wenn du Samstag früh aufstehst, findest du tolle Motive auf dem quirligen Flohmarkt

➤ S. 95

INHALT

HOL DIR DIE NEUE REISEPLANER-APP

1. App herunterladen
2. Barcode scannen oder Zahlencode eingeben
3. Orte auswählen und als Tagesplan speichern

Alle Infos zur App unter
go.marcopolo.de/app/wie

Besuch planen
€-€€€ Preiskategorien
(*) Kostenpflichtige Telefonnummer

(A2) Herausnehmbare Faltkarte
(a2) Zusatzkarte auf der Faltkarte
(0) Außerhalb des Faltkartenausschnitts

Bei Regen
Low Budget
Mit Kindern
Typisch

DAS BESTE ZUERST

Wohnt hier Pippi Langstrumpf? Im Hundertwasserhaus geht's kunterbunt zu

NFO-SHOP
POSTBOX

BEST OF

BEI REGEN

SCHÖN, AUCH WENN ES REGNET

DSCHUNGEL IM GLASHAUS

Trotz Regen oder Kälte fühlt es sich an, als wärst du in den Tropen: Im *Palmenhaus*, Wiens ältestem Jugendstilglashaus, flattern bunte Schmetterlinge zwischen Palmen. Danach unbedingt noch auf einen Apfelstrudel im dazugehörigen Café vorbeischauen! (Foto)

➤ S. 34

ZEITREISE IN 5D

Türkenkriege, Habsburger, Walzer und Sachertorte – alles, worauf Wien in seiner 2000-jährigen Geschichte mehr oder weniger stolz ist, wird in der Erlebniswelt *Time Travel Vienna* mittels 5-D-Kino und Puppenspiel im Schnelldurchlauf serviert.

➤ S. 45

WELT DER TÖNE

Wenn du hier ein traditionelles Museum erwartest, irrst du gewaltig! Auf eine höchst unterhaltsame, weil multimediale und interaktive Reise durch die Welt der Töne nimmt dich das *Haus der Musik* mit – auf sieben Etagen in einem prächtigen Palais.

➤ S. 42

WIENER UNTERWELT

Auf den Spuren von Orson Welles im *Dritter-Mann-Museum*: In Wiens Kanalisation kannst du dich auf die Suche nach dem „Dritten Mann" begeben und oben Originalmemorabilia rund um den Filmklassiker anschauen. Nicht nur für Filmfans ein einzigartiges Erlebnis.

➤ S. 57

HOFBURG: AUSDRUCK VON MACHT UND PRUNK

Ein Rundgang durch das weitläufige einstige Epizentrum der Macht lässt dich hautnah erleben, wie groß die Prunklust und Sammelwut der habsburgischen Herrscher war.

➤ S. 36

BEST OF LOW-BUDGET

FÜR DEN KLEINEN GELDBEUTEL

AB AUF DIE INSEL

Die *Donauinsel* ist eins der beliebtesten Naherholungsgebiete der Wiener – nicht zuletzt, weil hier gratis gegrillt, gesportelt und (nackt) geschwommen wird. Im Sommer lockt zudem das *Donauinselfest*, eins der größten Festivals des Landes, mit Musik, Show und Kabarett – auch gratis.

➤ S. 67, 117

LUST AUF SAKRALMUSIK?

Die wunderschöne *Augustinerkirche* ist bekannt für ihren feierlichen, von Musik begleiteten Gottesdienst. An Sonn- und kirchlichen Feiertagen hörst du bei kostenlosem Eintritt auf höchstem musikalischem Niveau Festmessen von Haydn oder Schubert.

➤ S. 34

DIE SCHÖNSTE TOILETTE WIENS

Sonst ist es ja eher ein Muss als ein Genuss. Im Marmor-Gold-Ambiente der denkmalgeschützten Jugendstiltoilette *Öffentliche Bedürfnisanstalt am Graben* hat man aber das Gefühl, im Museum zu sein – ganz ohne Eintritt zu löhnen.

➤ S. 45

SCHÖNE SICHT VOM SCHÖNBRUNNER SCHLOSSPARK

Natürlich ist das Schloss mit seinen Prunkräumen die Hauptattraktion. Doch auch ein Spaziergang durch die Grünanlage ist eine Freude und im Gegensatz dazu kostenfrei. Nicht versäumen: den Blick vom Gloriettehügel auf das westliche Wien (Foto).

➤ S. 65

GROSSE OPER ZUM NULLTARIF

Schwanensee oder doch lieber Die fantastischen Vier? Im Sommer werden beim *Filmfestival am Rathausplatz* jeden Abend kostenlos Ballett- und Opernaufführungen sowie Konzertmitschnitte gezeigt.

➤ S. 117

BEST OF

MIT KINDERN

SPANNENDES FÜR GROSS & KLEIN

WAS IST HIER LOS?

Das *Museumsquartier* ist eine Fundgrube für Kinder: Im *Zoom Kindermuseum* wird niemandem langweilig. Veranstaltungen selbst für die Kleinsten gibt's im *Dschungel-Theater* nebenan, und im *Museum Moderner Kunst* können Kids kreativ werden.

➤ S. 51

WIE FUNKTIONIERT DAS?

Warum kann ein Flugzeug fliegen? Woher kommt eigentlich Strom? Und wie kann ich einen Roboter bauen? Im *Technischen Museum* werden Kinder zu Forscherinnen und Forschern.

➤ S. 66

WER LEBT IM OZEAN?

Da, ein Hai! Dem Meeresbewohner zusehen – oder im angeschlossenen Tropenhaus über die Hängebrücke schwanken? Im *Haus des Meeres* findest du mehr als 10 000 Tiere.

➤ S. 56

SCHÖNER SCHIMMEL!

Die *Spanische Hofreitschule* mit ihren Lipizzanern ist eine Institution: Kinder können bei einem Spezialrundgang neben der Sattelkammer auch die Schimmel im Stall besuchen (Foto).

➤ S. 39

GREIF DIE LIANE!

Die eigenen Kletterkünste testen? Das geht in der Stadt und im *Waldseilpark Kahlenberg*. Dort balancierst du mitten im Wald in luftiger Höhe. Wer das schafft, darf zur Belohnung von Baum zu Baum schwingen!

➤ S. 115

DREH NE RUNDE!

Im *Böhmischen Prater* geht es gemütlich zu: ein paar klassische Fahrgeschäfte wie Kettenkarussell und Riesenrad, Gasthäuser und ein Wald zum Spaziergehen. Was braucht es mehr für einen ruhigen Urlaubstag?

➤ S. 68

BEST OF

TYPISCH

DAS ERLEBST DU NUR HIER

IM KLASSISCHEN KAFFEEHAUS

Sie gehören zu Wien wie das Pub zu London oder das Bistro zu Paris: Die vielen hundert, über die Stadt verstreuten „öffentlichen Wohnzimmer" sind bis heute Inbegriff einer Wiener Alltagskultur. Die spürst du sehr eindrücklich z. B. im mondänen *Landtmann* (Foto).

➤ S. 76

WEINTRINKEN AM WEINBERG

In Wien gibt es viele Viertel, in denen regelmäßig tief ins Weinglas geschaut wird. *Neustift am Walde* ist eine der schönsten Heurigengegenden. Dort liegen etliche kleine Familienbetriebe malerisch in den Weinbergen.

➤ S. 64

SCHOKOLADIGES VERGNÜGEN

Es gibt nur einen richtigen Ort, um die original Sachertorte mit ihren zwei Marmeladeschichten das erste Mal zu probieren: das *Café Sacher Wien*. Gut möglich, dass du dich für die Leckerei anstellen musst.

➤ S. 132

EINE RUNDE AUF DEM RIESENRAD

Die mächtige Stahlkonstruktion gilt neben „Steffl" und Schönbrunn als Wahrzeichen Wiens schlechthin. Eine Runde in einem der knallroten Waggons zu drehen ist ein großer Spaß, speziell im Frühling, wenn zu deinen Füßen im Prater „wieder die Bäume blüh'n".

➤ S. 60

EINMAL INS BURGTHEATER

Die „Burg", wie die berühmte Bühne an der Ringstraße auch heißt, gilt als ein Flaggschiff deutscher Sprechkunst. Ob Klassiker oder provokant-zeitgenössische Stücke: Ein Besuch lohnt allemal – schon das prächtige Gebäude ist großes Theater.

➤ S. 40, 110

SO TICKT WIEN

Im Schatten alter Bäume: coole Pause im Stadtpark

ENTDECKE WIEN

Morbide? Nee, hell und freundlich! Auch im Museumsquartier ist Wien höchst lebendig

Wien ist die Stadt mit den meisten Klischees pro Quadratzentimeter. Ein typischer Tag schaut demnach so aus: Man steht morgens auf, trinkt eine *Melange* (Kaffee mit Milchschaum) aus einem Sisi-Häferl und isst dazu ein Kipferl (so was wie ein Croissant) mit Butter und Marillenmarmelade. Im Hintergrund läuft klassische Musik. Der Fiaker wartet danach schon vor der Tür (Damen werden mit einem Handkuss begrüßt) und kutschiert einen in die Arbeit, wo man dann notgedrungen ein wenig Zeit verbringt.

KLISCHEES VOM SCHNITZEL BIS ZUM KAFFEEHAUS

Mittags geht es dann in ein Beisl: Dort isst man – wie könnte es anders sein – ein Schnitzel mit Erdäpfel-Vogerl-Salat (also Salat aus Kartoffeln und Feldsalat). Dazu gibt man etwas rabenschwarzen, derben Humor zum Besten – denn das, meine

1137 Wien wird erstmals als Stadt erwähnt

1282 Beginn der Habsburger-Herrschaft, die erst nach dem Ersten Weltkrieg endet

1365 Gründung der ersten Universität (heute: Hauptuniversität Wien mit 90.000 Studenten)

1695 Beginn der Bauarbeiten für das Schloss Schönbrunn

1814 Auf dem Wiener Kongress wird nach der Niederlage Napoleons die Neuordnung Europas beschlossen

Damen und Herren, ist der berühmte Wiener Schmäh. Der nächste Weg führt in ein Kaffeehaus, um dort eine Sachertorte oder einen Apfelstrudel mit einem kleinen Braunen zu genießen. Serviert wird das natürlich von einem mürrischen Kellner im (viel zu großen, fleckigen) Anzug. Am Abend beschäftigt man sich mit den schönen Künsten – immerhin wohnt man ja in der Welt-Musik- und Kulturhauptstadt.

WELTSTADT WIEN

So weit, so Klischee – und einen Kern Wahrheit hat das natürlich auch, denn das alles gibt es wirklich. Ja, Wien ist ein Hauch von ehemaliger Weltmacht, wie die Prunkbauten von der Universität übers Burgtheater, die Oper und die vielen Luxushotels demonstrieren. In diesem innersten, historischen Kern der Stadt wurde die Monarchie nie ganz abgeschafft, die Habsburger-Dynastie wird mit allen Mitteln am Leben erhalten: durch Statuen der wichtigsten Vertreter an jeder Ecke der historischen Altstadt und Sisi- und Kaiser-Franz-Joseph-Souvenirs in tausendfacher Ausführung, vom Schlüsselanhänger bis zum T-Shirt. Hier ist Wien die Weltmetropole der Hochkultur mit seinen Sängerknaben, den Wiener Philharmonikern, den Theatern, den großen Museen und der klassischen Musik.

WACHSENDE METROPOLE

Dennoch hat sich die Stadt in den vergangenen Jahrzehnten ein Stück weit aus ihrer k. u.k.-Glasglocke getraut und sich parallel zur Ansichtskartenidylle mit imperialem Touch zu einer pulsierenden, jungen, internationalen Metropole ent-

1922 Wien wird ein eigenes Bundesland (Trennung von Niederösterreich)

1981 Eröffnung der Donauinsel als Naherholungsgebiet

2008 Finalspiel der Fußball-Europameisterschaft (Spanien besiegt Deutschland 1:0)

2015 60. Eurovision Song Contest in Wien (nachdem Conchita Wurst im Vorjahr gewonnen hatte)

2020 Ein neues Stadtparlament wird gewählt

wickelt. Wien ist heute die zweitgrößte Stadt im deutschsprachigen Raum – nach Berlin. Derzeit leben rund 1,9 Mio. Menschen hier, mehr als 50 Prozent der Wiener Bevölkerung hat mittlerweile Migrationshintergrund.

WIEN ISST: SACHERTORTE UND ĆEVAPČIĆI

Der Boom hält schon lange an: Dazu beigetragen haben zunächst die türkischen Gastarbeiter aus den 1960er-Jahren. In den 1990ern kamen die Flüchtlinge aus dem Exjugoslawien-Krieg hinzu, die dauerhaft hier geblieben sind und das kulturelle Leben mit ihren vielen Clubs und Restaurants bereichern. So ist Wien längst nicht nur Sachertorte und Schnitzel, sondern auch Ćevapčići (die eigentlich Ćevapi heißen), Kebab und Falafel. Ist Moschee und Synagoge. Rund um den hippen Karmelitermarkt und die Taborstraße wächst das jüdische Viertel mit koscheren Lokalen und kleinen Handwerksläden. Und in der Ottakringer Straße, auch liebevoll Balkanmeile genannt, brät ein *Pljeskjavica* (Hacksteak) im kroatischen Restaurant, zur Verdauung gibt es *Slivovica* (Pflaumenschnaps), und hinterher wird in einem der Clubs zu Turbofolk abgetanzt.

MEHR STUDENTEN ALS IN BERLIN

Durch Österreichs Beitritt zur EU im Jahr 1995 und die EU-Ostöffnung mit den neuen Mitgliedsländern Ungarn, Slowakei und Tschechien strömten vor allem junge Menschen zum Studieren und Arbeiten nach Wien. Nicht zuletzt ist es den deutschen Studenten zu verdanken, von denen manche vor dem Numerus Clausus nach Österreich flüchten, um Fächer wie Medizin oder Psychologie zu belegen, dass die Hauptstadt mittlerweile zur größten Studentenstadt im deutschsprachigen Raum angewachsen ist. Um die 200 000 Studenten tummeln sich in Wien. Überall rund um die Universitäten – deren Institute in der ganzen Stadt verstreut sind – sperren kleine Pop-up-Lokale auf (und zugegebenermaßen auch wieder zu), in denen selbst gebackene Kuchen, selbst gebrautes Bier und Bio-Slowfood auf den Tisch kommen. In den Bezirken Neubau und Mariahilf eröffnen Concept-Stores an jeder Ecke, die schicke Fahrräder und Klamotten verkaufen. Wie jung die Stadt ist, das wird unübersehbar, wenn es endlich warm wird und die Studenten jeden freien Fleck auf Wiesen und Parks bevölkern und dort lernen und dösen (falls sie überhaupt die Wiese betreten dürfen, denn das ist vielerorts verboten). Oder am Abend, wenn sich nach getaner Büffelei die Clubs füllen, von denen sich einige echte Perlen wie die *Grelle Forelle*, das *Fluc* oder das *Chelsea* hervortun.

INSIDER-TIPP
In hippen Läden stöbern

DIE LEBENSWERTESTE STADT DER WELT

Dass Wien (laut Mercer-Studie) seit Jahren kontinuierlich das Ranking der lebenswertesten Städte anführt, hat sich natürlich auch international herumgesprochen. Und die geografische Lage, als Drehscheibe zwischen Ost und West, macht die Stadt für die Wirtschaft attraktiv. So haben sich hier mehr als 200 internationale Firmenzentralen angesiedelt. Insbesondere Unternehmen aus den Bereichen Life Sciences sowie Informations- und Kommunikationstechnik sind seit der Jahrtausendwende dazugekommen. Es wird also fleißig geforscht und erfunden – an sich keine neue Entwicklung, denn in Wien wurde schon die Schneekugel, die wasserfeste Wimperntusche, die Zahnpasta aus der Tube und der Rollschuh erfunden. Nun also kommt „die ganze Welt wieder nach Wien", denn viele der neuen Betriebe bringen hochqualifiziertes internationales Personal mit sich. Derzeit leben rund 25 000 Expats in Wien. Neben Genf, Nairobi und New York hat die UNO-City hier einen Hauptsitz – nach dem Brexit sollen weitere EU-Institutionen folgen, um die Wien aktuell buhlt.

SOZIALISTISCHE WOHNBAUTRADITION

In der pulsierenden Stadt (die gleichzeitig eines von neun Bundesländern ist) wird es also zunehmend enger. Daran ändert auch nichts, dass die Regierung ganze Stadtviertel aus dem Boden stampft: Da wäre etwa die Seestadt Aspern, eine kleine Stadt mitten in der Stadt auf einem Acker. Oder das neue Viertel rund um den Hauptbahnhof, das Sonnwendviertel, das von der Fläche größer ist als der achte Bezirk, die Josefstadt. Dass die Stadt es als eine ihrer Hauptaufgaben sieht, bezahlbaren Wohnraum zu schaffen, ist ein Überbleibsel aus dem Sozialismus. Ab den 1920er-Jahren wurden mit den sogenannten Gemeindebauten

Nicht achtlos vorbeilaufen! Im Bezirk Mariahilf gibt's jede Menge schöne Läden

riesige Arbeiterwohnburgen errichtet – wie der Karl-Marx-Hof. Diese Wohnbautradition wurde bis heute fortgeführt. Heute leben mehr als zwei Drittel der Wiener im geförderten Wohnungsbau, zu günstigen Mieten. Die Stadt ist der größte Immobilienbesitzer in Europa. Diese Politik hat aber auch dazu geführt, dass die Mieten am kleinen privaten Markt regelrecht explodiert sind und Neuankömmlinge in Wien, die meist keinen Anspruch auf eine öffentlich geförderte Wohnung haben, dafür Monat für Monat eine Stange Geld hinlegen müssen.

SPIONE UND AGENTEN

Neben neuen Dauergästen begrüßt Wien Kurzzeitbesucher zu Wochenendtrips und Miniurlauben, auch als Verhandlungs- und Konferenzort ist die Hauptstadt geschätzt – und gilt darüber hinaus seit dem Kalten Krieg als Hochburg der Spionage. Mehr als 7000 Agenten und Spione gehen nach Schätzungen derzeit in Wien ihrer Arbeit nach – so viele, wie angeblich in keiner anderen Stadt der Welt. Das hat damit zu tun, dass die gesetzlichen Bedingungen so gut sind: Denn Spionage ist in Österreich nur dann strafbar, wenn sie sich direkt gegen Österreich richtet – darum arbeiten die Spione offiziell übrigens auch oft in Botschaften und anderen internationalen Körperschaften, haben dort hohe Ämter inne. Wenn in Wien also ausländische Staaten andere ausländische Staaten ausspionieren, ist das völlig legal. Und so kommt es schon einmal vor, dass ein russischer Staatsbürger ermordet in der Donau schwimmt oder der kasachische Ex-Botschafter Rachat Alijew tot in seiner Gefängniszelle gefunden wird.

MORBIDE ADER

Der Tod hat in Wien sowieso eine besondere Tradition. Etliche Wiener Lieder besingen diese bittersüße Liebesbeziehung mit dem Sensenmann. Wien hegt und pflegt seine zahlreichen Gruften und Katakomben, wo die Habsburger mit vielen Ehrengästen ihre letzte Ruhe finden. So erzählt auch ein eigenes Bestattungsmuseum im Zentralfriedhof von der speziellen Liebe des Wieners zum Tod. Spaziergänge auf einem der vielen historischen Friedhöfe wie dem Zentralfriedhof oder dem Biedermeierfriedhof Sankt Marx oder durch die Innenstadt an einem nebligen Novembertag sind Balsam für die Wiener Seele. Lass dich einmal darauf ein: Dieses schaurig-friedliche Gefühl hat was!

INSIDER-TIPP
Die schöne Leich

ENTDECKE DEIN EIGENES WIEN!

Also ist Wien gar nicht so jung und pulsierend? Nein, nicht nur. Das wäre auch zu einfach, letztlich zu langweilig. Wien ist Alt und Jung. Modern und Monarchie. Lebensbejahend und Jenseits. Ist Tradition und Melange der Kulturen – die Stadt hat viele Gesichter, mal selbstbewusst und cool, mal schüchtern und in sich gekehrt. Wenn du Herz und Augen öffnest, dann wird auch Wien sich nicht vor dir verschließen.

AUF EINEN BLICK

1.890.000
Einwohner

Hamburg: 1.830.000

194.000
Studenten

Berlin: 191.000

15 km

lang ist die längste Straße Wiens, die Höhenstraße
Die kürzeste: Irisgasse (17,5 m)

365 EURO

kostet eine Jahreskarte für den öffentlichen Nahverkehr

Berlin: ab 761 Euro

STAATSANGEHÖRIGKEITEN
181

besitzen die in Wien lebenden Menschen

HÖCHSTES HOLZHAUS DER WELT

HOHO WIEN

24 STOCKWERKE, STEHT IN DER SEESTADT ASPERN

BELIEBTESTES WORT
OIDA

sagt der Wiener, wenn er sich freut, ärgert oder wundert, also eigentlich immer

STADT MIT DER HÖCHSTEN LEBENSQUALITÄT WELTWEIT

zum 10. Mal in Folge wurde Wien Sieger (2019); München: Platz 3

PRATER

Größter Park von Wien (6 km²)

Central Park: 3,41 km²

MICHAEL HÄUPL (SPÖ)
längster amtierender Bürgermeister von Wien

DC TOWER
MIT 250 M HÖCHSTES GEBÄUDE ÖSTERREICHS

WIEN VERSTEHEN

GLANZ & SCHIMMEL

Das Leben der Habsburger ist ein schier unerschöpflicher Schatz an Anekdoten und Absurditäten: Die hoch verehrte Kaiserin (von Österreich und Königin von Ungarn) Sisi würde man heute wohl als „Sozialfall" bezeichnen: Sie spritzte sich Kokain (die Beweisspritze ist im *Sisi-Museum* zu sehen), ging keiner Erwerbsarbeit nach und litt außerdem an Essstörungen.

Sie war nicht die einzige Blaublütige, die an dieser Krankheit litt: Auch Karl V. und Maria Theresia hatten Probleme mit der Nahrungszufuhr. Die Landesmutter war zum Schluss so dick, dass sie einen Aufzug benötigte, um in Schönbrunn von einem Stockwerk ins nächste zu gelangen. Während Sisi aber dank guter medizinischer Behandlung dann doch nicht an einer Überdosis starb, war bei Vetter Kaiser Friedrich III. laut zeitgenössischen Quellen nichts mehr zu machen: Er soll sich eine Wassermelonenvergiftung zugezogen haben, die ihm zuerst eine ruhrartige Erkrankung und dann den Tod beschert haben soll.

Mit den Lebensgeschichten jener Familie, die mehr als sechs Jahrhunderte über Österreich herrschte, kann man nicht nur Geschichtsbücher, sondern auch Berge an Klatsch- und Tratschzeitungen füllen: voll mit großen und kleinen Persönlichkeiten, Licht und Schatten, Aufstieg und Untergang, Glanz und Schimmel. Nicht zuletzt deswegen lieben die Österreicher ihre Habsburger, und man denkt gar nicht daran, die Toten ruhen zu lassen. Die „Royals" sind immer für einen Stammtischtratsch hinter vorgehaltener Hand gut, und mit einer gewissen Ernsthaftigkeit will der Mythos auch am Leben erhalten werden: Immerhin zehrt man heute noch von ihrem Wirken, der Geschichte, der Architektur, die Heerscharen an Touristen anlocken.

Und ausgestorben sind die Habsburger übrigens noch längst nicht (auch wenn Adelstitel in Österreich mittlerweile verboten sind): 500 von ihnen leben noch, rund die Hälfte davon hierzulande.

KULTURKAMPF

Sie bestimmten das Wien-Bild wie sonst wohl nur das Riesenrad: die Fiaker. Die Pferdekutschen rumpeln verlässlich über die Pflastersteine der Innenstadt. Viele Touristen fotografieren sie, Postkarten zeigen lachende Kutscher mit Melonenhut. Die können sich auf eine lange Tradition berufen – bereits 1693 wurde die erste Fiaker-Lizenz in Wien erteilt. Damals gab es noch kein Gesetz, das den Pferden wie heute zwei freie Tage pro Woche garantiert – und, wie den Österreichern, fünf Urlaubswochen im Jahr. Heute kutschieren Pferde von mehr als zwei Dutzend Unternehmen Besucher vorbei an Stephansdom und Universität. Doch geht es nach Tierschutzaktivisten, soll damit Schluss sein. Sie kritisieren, die tägliche Arbeit zwischen den heißen Häuserschluchten sei

Magersüchtige Kaiserin: Die schöne Sisi macht sich trotzdem auf Süßkram gut

Quälerei für die Tiere. Stadtpolitiker beschlossen 2016 deshalb, dass Fiakerpferde bei mehr als 35 Grad im Schatten nicht eingesetzt werden dürfen. Den Tierschützern aber reicht das nicht. Sie fordern: Pferdekutschen raus aus der Innenstadt!, argumentieren mit Hitzestress und Tierleid und protestieren jeden Sommer weiter. Die Kutscher wiederum nennen die Aktionen existenzbedrohend. Was den Pferden gut tut, sagen sie, wüssten sie am besten. Tierschützer auf der einen, Fiaker-Unternehmer auf der anderen Seite: Es ist ein Kulturkampf, der sich wohl noch länger fortsetzen wird.

DIE SCHNITZEL-LÜGE

Du musst jetzt sehr stark sein, wenn du das liest: Fast alles, was du bis jetzt über Österreichs Küche geglaubt hast zu wissen, ist eine Illusion. Der Kaffee ist keine Wiener Erfindung, sondern vermutlich das Erbe der Türkenbelagerungen im 16. und 17. Jh. Es wird noch schlimmer: Das berühmte Wiener Schnitzel ist eigentlich ein Italiener und hat seinen Ursprung im Venezien des 16. Jhs. Apfelstrudel und Gulasch sind gebürtige Ungarn. Süße Sünden wie Topfengolatschen, Powidltascherln, Mohnnudeln und Buchteln stammen aus dem ehemaligen Böhmen – ebenso wie der Serviettenknödel, der dem urösterreichischstem Gericht von allen, dem Schweinsbraten, als Beilage dient.

Vieles von dem, was in Wien auf den Tisch kommt, wurde hier also nicht erfunden, sondern als Best-of aus den vielen Kriegen der letzten Jahrhun-

Pionier des Elektroswing: Parov Stelar ist international groß rausgekommen

derte zusammengestellt. Aber deswegen schmeckt das Essen doch auch nicht schlechter, oder? Eben.

BOOMTOWN

Eines der wenigen Dinge, die in Wien derzeit kein Kapazitätsproblem haben, ist die Kanalisation. 2400 km verlaufen unter der Erde – und selbst wenn Wien mit seinen knapp 1,9 Mio. Einwohnern auf mehr als doppelt so viele Einwohner anwachsen würde, wäre das noch kein Problem. Zu verdanken ist das, wem auch sonst, wieder einmal den Habsburgern, die in ihrer royalen Voraussicht (und ihrem Größenwahn) schon 1850 geglaubt hatten, dass die Stadt bis 1920 an die 4 Mio. Einwohner zählen wird. So legten sie auch die Kanalisation in dieser Kapazität an. Das kommt der Stadt noch heute zugute, denn Wien wächst rasant und steuert auf die 2-Mio.-Einwohner-Marke zu. Das fordert und überfordert Verwaltung und Politik derzeit enorm: Der Wohnungsmarkt kracht, es gibt teilweise zu wenig Platz für neue Schulen oder Krankenhäuser. Auch die Flüchtlingsbewegungen haben dazu beigetragen, dass die Bevölkerung stetig wächst. Denn bis zu 80 Prozent all jener, die als Flüchtling in Österreich anerkannt werden, ziehen in die Hauptstadt. Die Neuankömmlinge prägen zunehmend das Straßenbild, das Geschäftsleben und die Gastronomie. Aber Zuwanderungsstadt und multikulti war Wien auch die letzten Jahrhunderte schon immer: Gut die Hälfte der Wiener haben mittlerweile einen Migrationshintergrund.

AUSTROPOP & WIENERLIED

Es war einmal der weit über die Landesgrenzen bekannte Austropop-Star Falco – und nach seinem Tod 1998 kam lange nichts. Bis auf ein paar rühmliche Ausnahmen spuckte die Wiener Musikindustrie nur wenige international erfolgreiche Künstler auf den Markt.

Nun ist die Dürreperiode aber vorbei, und alle warten gespannt auf Neuveröffentlichungen von „Wanda" und „Bilderbuch", die den Austropop neu erfunden haben, internationale Hallen füllen und erstmals seit Langem deutlich mehr Potenzial mitbringen als viele One-Hit-Wonders à la Songcontestsiegerin Conchita Wurst.

INSIDER-TIPP
We speak Dialekt

Der zweisprachige (deutsch und englisch) Radiosender FM4 *(fm4.orf.at)*, der längst Kultstatus erlangt hat, hat schon einige Musiker groß rausgebracht und spielt eine feine Auswahl heimischer Bands, gemischt mit „alternativem Mainstream".

Neben dem Austropop erfährt auch das traditionelle Wienerlied eine Neuinterpretation, was auf große Resonanz stößt: Da wären etwa die „5/8erl in Ehr'n" als Musiktipp ebenso zu nennen wie „Der Nino aus Wien" und „Voodoo Jürgens". Parov Stelar, ein Pionier des Elektroswing, erreichte 2018 sogar die Spitze der amerikanischen iTunes Electronic Charts. Und die Popmusikerin Mavi Phoenix knackte mit „Aventura" schon längst die Millionenmarke auf YouTube. Daneben etablierten sich Hip-Hop-Musiker wie Crack Ignaz oder der 1995

KLISCHEE KISTE

UR-UNFREUNDLICHE WIENER

Jo mei! Da lebt der Wiener in der laut Rankings lebenswertesten Stadt der Welt und ist noch immer schlecht gelaunt: Die Autofahrer schimpfen auf die Fahrradfahrer, die Fahrradfahrer – erraten: auf die Autofahrer. Die Hunde der Nachbarn machen auf den Gehweg, und die Mitmenschen stellen depperte, also blöde Fragen. Manch rüde scheinende Antwort ist aber dann doch nur halb ernst gemeint: Es lebe der Wiener Schmäh. Du wirst auch freundliche Wiener treffen – versprochen!

STADT DER KAFFEEKENNER

Es stimmt schon: Wer „Kaffee" bestellt und dabei noch die erste Silbe betont, outet sich schnell als unkundig. Schließlich hat das Wort nicht umsonst zwei e am Schluss, denken sich die Wiener. Sie haben die kreativsten Namen für ihre zahlreichen Kaffeevariationen: Es gibt Kapuziner (Espresso mit einem Schuss flüssiger Schlagsahne), Einspänner (Espresso mit Sahnehaube) oder Fiaker (Einspänner – aufgepasst? – mit einem Schuss Kirschwasser). Aber längst nicht alle Einheimischen können erklären, was hinter all den Namen steckt. Und in den hippen Cafés hörst du öfter eine ganz unwienerische Bestellung: Café Latte.

geborene Yung Hurn. Die Wiener Musikszene verjüngt und wandelt sich – es zahlt sich wirklich aus, in den ein oder anderen Club zu gehen, um diese Metamorphose live zu erleben.

REINES RAX-WASSER

Wiens Trinkwasser kommt frisch vom Berg – und schmeckt garantiert nicht nach Chlor. Hier strömt das Leitungswasser nicht wie in vielen anderen europäischen Städten mehr oder weniger sauber oder verchlort in die Leitungen, sondern direkt aus dem Hochgebirge. Diesen Umstand verdankt die Stadt dem Geologen Eduard Suess, der vor 130 Jahren – übrigens gegen heftigen Widerstand – das visionäre Projekt der Hochquellwasserleitung verwirklichte, die nun das köstliche Wasser aus 90 km Entfernung von der Rax (das ist ein Berg) direkt in die Stadt befördert. Also trink viel davon – aber lass dich nicht in den Touristenlokalen im ersten Bezirk abzocken, die teilweise bis zu 5 Euro für einen Liter „Wiener Hochquellwasser" verlangen. Wasser ist normalerweise gratis oder kostet höchstens 50 Cent pro halbem Liter – und das auch nur, wenn man sonst nichts bestellt. Zum Essen und zum Kaffee gibt es kostenlos ein Glas Leitungswasser dazu!

KABARETT MEETS COMEDY

Helmut Qualtinger, Ahnherr des Wiener Nachkriegskabaretts und Schöpfer der Figur des Alltagsfaschisten „Herr Karl", lebte noch, als die zeitkritische Kleinkunst einen ersten Boom hatte. Das mehrheitlich junge Publikum genoss es, während der Vorstellung essen, trinken, rauchen und herzhaft lachen zu dürfen – und sich gleichzeitig als kritischer Bürger zu fühlen. Mittlerweile haben sich Kabarett und Comedy, ohne Abstriche bei der Qualität zu machen, zu einer Massenbewegung entwickelt. Mehr als ein Dutzend Häuser, von der kleinen *Niedermair*-Bühne, dem *Orpheum* und *Stadtsaal* bis hin zu den „transdanubischen" (also jenseits der Donau liegenden) Lokalitäten *Gloria Theater* und *Gruam*, haben sich auf Kabarett spezialisiert.
Wobei die Grenzen zum Theater verschwimmen: Stars wie Josef Hader oder Thomas Maurer etwa haben sich als Darstellerautoren mit Solostücken, in denen sie anstatt sich selbst eine Rolle spielen, einen Namen gemacht. Andere Vertreter der Zunft jedoch, Karl Ferdinand Kratzl zum Beispiel, Alf Poier, Martin Puntigam vertrauen auf deutlich ätzendere Komik und schrägere Dramaturgie, ebenso wie das im Bereich Stand-up-Comedy erfolgreiche Duo Stermann & Grissemann. Der als „Außenreporter" aus ihrer TV-Show „Willkommen Österreich" bekannte Kabarettist Peter Klien tritt auch auf Wiener Bühnen auf.
Die Sorge übrigens, als Gast aus Regionen, die nördlich des „Weißwurstäquators" liegen, dialektbedingt an der Sprachbarriere zu scheitern, ist meistens unbegründet. Das Gros der Kabarettisten spricht ein durchaus überregional verständliches Deutsch.

WEISSWEIN & WILDSCHWEIN

Zuerst war die Reblaus der erklärte Todfeind – jetzt ist es das Wildschwein. Auf Wiens Weinbergen spielen sich

Das perlt und zischt so frisch: Wiener Trinkwasser sprudelt aus der Kläfferquelle

an lauen Herbsttagen echte Raubzüge ab. Horden an wilden Schweinen schlagen sich den Bauch mit den süßen Trauben voll, aber auch Rehe und Ziesel sind unterwegs – eine echte Plage für die rund 200 Winzer, die zusammen eine Fläche von rund 6,3 km² bewirtschaften. Trotzdem werden jährlich mehr als 2,5 Mio. Liter Wein abgefüllt – vier Fünftel davon iWeißweinsorten wie Grüner Veltliner (geht immer) oder Riesling. Im Norden der Stadt führen mehrere Weinwanderwege durch die Reben *(weinwandern.at/weinwandern-wien)*. Man kann, muss es aber nicht sportlich nehmen: Alle paar Hundert Meter lädt ein Heuriger zur Einkehr ein. Bis 1456 war der Wein so sauer, dass die Wiener ihn auf die Straßen schütteten. Dann verfügte Kaiser Friedrich III., den Mörtel für den Nordturm des Stephansdoms mit dieser Gottesgabe anzurühren. Das würde sich heute keiner mehr trauen, denn der Wiener Wein ist zu internationalem Ruhm gelangt: Rainer Christ, Michael Edlmoser oder Richard Zahel sind nur einige jener Winzer, die mehrfach prämiert wurden. Übrigens: In Wien trinkt man Wein gerne „gespritzt" – also mit Soda (ja, das schüttet man zum Wein ins Glas). Falls du jetzt glaubst, dass man das nur mit billigen Weinen tun sollte, ist das ein Irrtum! Es gibt nie einen Grund, schlechten Wein zu trinken. Nie.

INSIDER-TIPP
Wein statt Wasser

SIGHT SEEING

Wien ist wie eine Torte mit Schokokern. Das Herzstück der Stadt bildet das historische Zentrum, um das sich tortenstückförmig die ehemaligen Vorstädte, die Bezirke 1 bis 9 reihen. Und an diese wiederum schmiegen sich die Äußeren Bezirke 10 bis 23. In der Mitte dieser Stadttorte ragt statt einer Kerze der Stephansdom in den Himmel. Rund um den „Steffl", wie der Dom von seinen Bewohnern liebevoll genannt wird, erstreckt sich Wiens Innere Stadt, eine Schatzkiste an Reliquien, die von vergangenen Jahrhunderten dieser Stadt und der Geschichte Europas erzählen. Rund um die In-

Prächtig, prächtig: Im Kunsthistorischen Museum fühlst du dich wie in einem Schloss

nere Stadt führt die Ringstraße mit den Architekturperlen der Barock- und Gründerzeit, Hotels, Oper, Theater und Universität. Hier sieht, fühlt und versteht man, dass von Wien aus einmal die Welt regiert worden ist. Nicht zuletzt deswegen liegen die großen Herrscher der Habsburgerdynastie auch in diesem Teil der Stadt begraben. Mit seinen vielen Kirchen, historischen Plätzen und Wohnbauten ist der 1. Bezirk ein Freilichtmuseum, das man am besten zu Fuß erkundet.

DIE STADTVIERTEL IM ÜBERBLICK

MARCO POLO HIGHLIGHTS

★ **HOFBURG**
Quasi das Herz des Kaiserreichs ➤ S. 36

★ **KUNSTHISTORISCHES MUSEUM**
Prachtbau an der Ringstraße mit unzähligen Meisterwerken Tizians, Bruegels, Rembrandts etc. ➤ S. 35

★ **RINGSTRASSE**
Parade der Gründerzeitmonumente an Wiens Prachtboulevard ➤ S. 30

★ **KAISERLICHE SCHATZKAMMER**
Kostbare Erbstücke der Habsburger ➤ S. 38

★ **STEPHANSDOM**
Wiens gotisches Wahrzeichen ➤ S. 44

★ **MUSEUMSQUARTIER**
Kulturviertel mit mehr als 20 Museen ➤ S. 51

★ **BELVEDERE**
Prinz Eugens Palasttraum ➤ S. 61

★ **HEERESGESCHICHTLICHES MUSEUM**
Krieg im Museum, wo er hingehört ➤ S. 62

★ **PRATER**
Grüne Oase für Sport und Spaß ➤ S. 58

★ **NEUSTIFT AM WALDE**
Heimelige Heurigen am Weinberg im Winzerdorf ➤ S. 64

★ **SCHLOSS SCHÖNBRUNN**
Anmutige Residenz der Habsburger ➤ S. 64

Scannen & Auswählen
WIE-21-014

LEOPOLDSTADT & LANDSTRASSE S. 58
Jüdisches Leben, Jogger im Prater und ein Barockschloss
INNERE STADT/ ÖSTLICHER TEIL S. 42
Historisches Zentrum mit dem imposanten Stephansdom
Floridsdorfer Brücke
Donau
A22
Obere Alte Donau
Arbeiterstrandbadstraße
Brigittenauer Brücke
Donaupark
Neue Donau
Wagramer Straße
Reichsbrücke
Augarten
Taborstraße
Nordbahnstraße
Handelskai
Prater
Untere Donaustraße
Weißgerberlände
Stephansdom
Park Prater
Parkring
Stadtpark
Schüttelstraße
Erdberger Lände
Ungargasse
Landstraßer Hauptstraße
A23
Belvedere-garten
Rennweg
Schlachthausgasse
Belvedere
Baumgasse
A4
Erdbergstraße
Landstraßer Gürtel
Schweizergarten
Heeresgeschichtliches Museum
750 m
820 yd

Wer größere Kreise ziehen will, kann einen Abstecher über den Donaukanal in den 2. Bezirk, die Leopoldstadt, machen. Sie ist das Zentrum des jüdischen Lebens, zu ihr gehört mit dem Prater aber auch einer der größten Vergnügungsparks Europas – und eine der größten Grünflächen der Stadt. Jung und trendig wird es in den Bezirken 6 und 7, die sich jeweils links und rechts der Einkaufsmeile Mariahilfer Straße erstrecken. In deren Seitengassen haben sich in den letzten Jahren eine Fülle an hippen Cafés und Bars angesiedelt, dazwischen sind Designer, zeitgenössische Künstler und Fotografen in ihren Ateliers und Galerien kreativ. Impulsgebend dafür ist wohl das Museumsquartier, das als Zentrum junger zeitgenössischer Kunst fungiert. Ruhiger und gediegener sind die bürgerlichen Bezirke Josefstadt und Alsergrund (8 und 9) mit ihren Theatern, schmucken Palais und bürgerlichen Häusern. Aber nicht nur in den sogenannten Inneren Bezirken entdeckst du Wien, auch ein Stück weiter draußen lohnt sich ein Streifzug. Und falls du dich dabei mal verirren solltest: Auf Straßenschildern steht vor dem Straßennamen eine Nummer, die dir sagt, in welchem Bezirk du gerade bist.

WOHIN ZUERST?

Platz vor der Staatsoper *(◫ K9)*: In wenigen Gehminuten erreichst du die wichtigsten Museen und Musentempel. Hier fährt die Straßenbahn zu den Prachtbauten der Ringstraße, in fünf Minuten geht es zum Stephansdom oder zum Naschmarkt. Bei Regen locken gleich nebenan die Ringstraßengalerien zum Shoppingbummel. Im Bereich Karlsplatz/Oper halten die U 1, U 2 und U 4 sowie die Straßenbahnen 1, 2, D, 62 und 71. Dein Auto kannst du z. B. im „Park & Ride"-Haus in Hütteldorf, Endhaltestelle U 4, abstellen.

INNERE STADT/ WESTLICHER TEIL

Wegen ihrer ungeheuren Fülle an Sehenswürdigkeiten wird das Zentrum von Wien, die Innere Stadt, hier in zwei übersichtliche Kapitel geteilt. Als – zugegeben etwas künstliche – „Trennlinie" zwischen westlichem und östlichem Teil dient dabei jener schnurgerade Straßenzug, der das Schottentor mit der Staatsoper verbindet.

In dieser Hälfte des „Ersten", wie der historische Kern von Einheimischen genannt wird, sind die Hofburg sowie der westliche Abschnitt der Ringstraße mit seinen vielen Repräsentationsbauten beherrschende Attraktionen.

1 RINGSTRASSE ★ ⚑

Nachdem Kaiser Franz Joseph 1857 befohlen hatte, Wiens alte Befesti-

Freihändiges Radeln an der Ringstraße: vom Parlament (hinten) abgesegnet?

gungsanlagen zu schleifen, ließ er an ihrer Stelle einen Prachtboulevard anlegen, der das historische Stadtzentrum umschließt und an zwei Stellen am Ufer des Donaukanals in den Franz-Josefs-Kai mündet. Diese 4,5 km lange „Ringstraße" wird von zahlreichen teils privaten, teils öffentlichen Prunkbauten im „Ringstraßenstil" gesäumt: alle imitieren Baustile früherer Epochen, von der griechisch-römischen Antike über die Kathedralengotik sowie Renaissance und Barock bis hin zu allerlei Stilmischungen des Historismus. Als städtebauliches Gesamtkunstwerk sucht der 1865 eingeweihte „Ring" in jeder anderen Metropole Europas seinesgleichen. Entlang der Ringstraße müssen sich Fußgänger den Gehsteig abschnittsweise mit Radfahrern teilen. *J–M 7–9*

2 SECESSION

„Weiß und glänzend, heilig und keusch" sollte sein Bauwerk werden, verkündete der Architekt Josef Maria Olbrich. 1897/98 vollendete er das Ausstellungsgebäude mit der auffallenden goldenen Kuppel, das heute als ein Hauptwerk des Wiener Jugendstils gilt. Sein Auftraggeber, die avantgardistische Künstlergruppe „Wiener Secession", hatte sich gerade von seiner konservativen, im Künstlerhaus organisierten Kollegenschaft losgesagt. Bis heute geht es übrigens alles andere als keusch im Ausstellungshaus der Wiener Secession zu: In wechselnden Schauen wird auch immer wieder das Thema Erotik behandelt. *Di–So 10–18 Uhr | Eintritt 9,50 Euro für Ausstellungen | Friedrichstr. 12 | secession.at | U 1, 2, 4 Karlsplatz | K9*

3 AKADEMIE DER BILDENDEN KÜNSTE

Der mit Terrakotten und Fresken verzierte Bau im Stil der Hochrenaissance birgt eine Gemäldegalerie von Weltruf, die einen repräsentativen Querschnitt durch die abendländische Malerei aus sechs Jahrhunderten vorstellt. Vertreten sind u. a. Hans Baldung Grien, Lucas Cranach d. Ä., Tizian, Sandro Botticelli, Peter Paul Rubens, Rembrandt und Anthonis van Dyck. Im Mittelpunkt steht das Weltgerichts-Triptychon von Hieronymus Bosch, ein grandioses Feuerwerk ebenso faszinierender wie grausamer Bildphantasien. Das angeschlossene Kupferstichkabinett besitzt mehrere Hundert Bilder aus dem Biedermeier sowie mittelalterliche Baurisse. *Mi–*

Mo 10–18 Uhr | Eintritt 12 Euro | Schillerplatz 3 | akademiegalerie.at | Straßenbahn 1, 2, 71, D, Bus 57A Burgring | U 1, 2, 4 Karlsplatz | K9

4 STAATSOPER

Bei der Einweihung 1869 war das kaiserlich-königliche Hofoperntheater mit seiner Loggia, den seitlichen Arkaden und dem metallenen Tonnendach heftiger Kritik ausgesetzt. In der Zwischenzeit ist der romantisch-historische Bau, der in den letzten Kriegswochen 1945 schwer beschädigt wurde, den Wienern als Symbol ihrer Musikkultur jedoch ans Herz gewachsen. Das Innere mit dem freskenverzierten Treppenhaus, dem Schwind-Foyer, dem Gustav-Mahler- und Marmorsaal und dem Zuschauerraum mit 2276 Plätzen ist im Rahmen von Führungen zu besichtigen *(Zeiten am Seiteneingang, auf der Website oder unter Tel. 01 5 14 44 26 13). Opernring 2 | wiener-staatsoper.at | Straßenbahn D, 1, 2, 71, Bus 59A, U 1, 2, 4 Karlsplatz/Oper |* K9

5 THEATERMUSEUM

1,5 Mio. Objekte machen dieses im prachtvollen Palais Lobkowitz installierte Museum zum weltweit größten seiner Art. In den Barocksälen sind regelmäßig interessante Sonderausstellungen zu sehen, zudem werden hier die Bestände des früheren Staatsopernmuseums ausgestellt. *Mi–Mo 10–18 Uhr (Führungen nach Voranmeldung) | Tel. 01 5 25 24 34 60 | Eintritt 12 Euro | Lobkowitzplatz 2 | theatermuseum.at | U 1, 2, 4 Karlsplatz/Oper | 30–60 Min. |* K8

Franz Joseph reitet gemütlich gen Oper, weg vom Flugdach der Albertina

6 ALBERTINA

Das schräg hinter der Oper gelegene, nach seinem Erbauer Herzog Albert von Sachsen-Teschen, einem Schwiegersohn Kaiserin Maria Theresias, benannte Palais birgt die größte grafische Sammlung der Welt. Sie umfasst 60 000 Zeichnungen und Aquarelle sowie an die 1,5 Mio. Druckgrafiken von so gut wie allen bildenden Künstlern der letzten 600 Jahre, die wegen ihrer Lichtempfindlichkeit jedoch nicht ständig gezeigt werden. Im aufwendig sanierten Haus sind auf Dauer 500 Werke der Klassischen Moderne aus der Sammlung Batliner sowie Wechselausstellungen mit Werken der ganz Großen der bildenden Kunst zu sehen. *Tgl. 9–18, Mi, Fr bis 21 Uhr |*

Eintritt 16 Euro | Albertinaplatz 1 | albertina.at | Straßenbahn D, 1, 2, 62, 65, 71, Bus 2 A, U 1, 2, 4 Karlsplatz/ Oper | 1 Std. | K8

7 MAHNMAL GEGEN KRIEG UND FASCHISMUS

Seit den späten 1980er-Jahren erinnert auf dem Platz hinter der Staatsoper ein Mahnmal des österreichischen Bildhauers Alfred Hrdlicka an die Opfer des Zweiten Weltkriegs und der Nazidiktatur in Österreich (1938–45). Die Skulpturengruppe umfasst das zweiteilige granitene „Tor der Gewalt", die Bronzefigur des „Knienden Juden" und die Marmorplastik „Orpheus betritt den Hades". Auf einer Stele wird die Unabhängigkeitserklärung der Zweiten Republik vom 27. April 1945 zitiert. *Albertinaplatz/ Augustinerstr. | Bus 3 A, U 1, 2, 4 Karlsplatz | K8–9*

8 AUGUSTINERKIRCHE

In der wunderschönen gotischen Augustinerkirche mit ihrem aus Sandstein gefertigten Hochaltar werden sonntags ab 11 Uhr Festmessen gehalten. Sakralmusik vom Feinsten kannst du hier kostenlos genießen. *Augustinerstr. 3 | augustinerkirche.at | Straßenbahn D, 1, 2, Bus 2 A, U 1, 2, 4 Karlsplatz | K8*

9 BURGGARTEN

Was damals für den Kaiser gebaut wurde, ist heute gerade gut genug fürs Volk. Seit 1918 ist der Garten hinter der Nationalbibliothek nahe der Hofburg für die Allgemeinheit geöffnet. Bei schönem Wetter liegen hier Studenten auf der Wiese und lernen, die Lipizzaner unternehmen im Sommer ihre morgendlichen Spaziergänge. Im Garten steht mit dem *Palmenhaus* eins der schönsten Ju-

Gut essen unterm Glasdach: Café-Brasserie im Palmenhaus des Burggartens

gendstilglashäuser Wiens. Untergebracht ist dort außerdem ein Café, in dem du, auch auf der großen Terrasse, hervorragend essen kannst *(Mo–Do 10–23, Fr 10–24, Sa 9–24, So 9–22 Uhr)*. Im Glashaus daneben flattern in einer tropischen Oase bis zu 500 frei lebende Schmetterlinge *(April–Okt. Mi–Fr 10–16.45, Sa/So 10–18.15 Uhr, Nov.–März tgl. 10–15.45 Uhr | Eintritt 7 Euro). Burgring/Opernring | Straßenbahn D, 1, 2, Bus 57 A |* *K8–9*

10 KUNSTHISTORISCHES MUSEUM ★

Das „Kunsthistorische", ein Werk der Ringstraßenarchitekten Gottfried Semper und Karl von Hasenauer, gehört zu den großen Museen der Welt. Seine Bestände sind das Ergebnis der Sammelleidenschaft von kunstsinnigen Habsburgern, die seit dem 16. Jh. systematisch Kostbarkeiten anhäuften. Das Herzstück bildet die Gemäldegalerie im 1. Stock. Sie ist weltweit die viertgrößte ihrer Art. Zu ihren Schätzen zählen zahlreiche Hauptwerke von Breugel, Rubens, Rembrandt, Dürer, Raffael, Tizian, Tintoretto, Veronese, Caravaggio, Velázquez und anderen Meistern der italienischen, französischen, spanischen und niederländisch-flämischen Malerei vom späten 15. bis ins 17. Jh. Den zweiten Schwerpunkt der Sammlung bildet die Kunstkammer mit weltweit einmaligen Goldschmiedearbeiten wie der berühmten Saliera von Benvenuto Cellini sowie kostbaren Steinschneide- und Elfenbeinarbeiten, Automaten, Uhren, astrologischem Gerät und vielem mehr. Sehenswert sind auch die herrlichen Wand- und Deckenbilder von Ernst und Gustav Klimt, Michael Munkáczy, Hans Makart und anderen. Ferner beherbergt der gegen Ende des 19. Jhs. eröffnete Prachtbau ein Münzkabinett, die Ägyptisch-Orientalische Sammlung und die Antikensammlung. Im Kuppelsaal wird donnerstags ein üppiges Abendbüfett serviert. In die Neue Burg ausgelagert sind die Sammlung alter Musikinstrumente, die Hofjagd- und Rüstkammer sowie das *Ephesosmuseum*. Für Kids gibt es im KHM ein eigenes Programm und kostenlose Führungen.

INSIDER-TIPP
Kunst statt Knödel

Und selbst Kunstbanausen überzeugen vielleicht die kostenlosen, halbstündigen Mittagsführungen (Di, Do 12.30 Uhr). *Hauptgebäude Juni–Aug. tgl. 10–18 Uhr, Sept.–Mai Di–So 10–18, Do 10–21 Uhr | Eintritt 16 Euro | Burgring 5 | Eingang Maria-Theresien-Platz | khm.at | Straßenbahn D, 1, Bus 57 A, U 2 Museumsquartier | U 2, 3 Volkstheater | ab 2 Std. |* *K9*

11 NATURHISTORISCHES MUSEUM

Wäre da nicht der kleine Elefant vor der Eingangstür, wüsste man nicht, wo man ist. Das Naturhistorische Museum befindet sich direkt gegenüber vom Kunsthistorischen Museum – und sieht von außen genauso aus. Im Inneren finden sich aber nicht Alte Meister, sondern Dinosaurierskelette, die 26 000 Jahre alte Venus von Willendorf, eine Schädelsammlung, haufenweise ausgestopfte Tiere und die weltweit größte Insektensammlung mit sechs Mio. Exponaten. Zusatzangebot: Dachführungen, bei denen du einen wunderschönen Blick über die historischen Gebäude im Ersten Bezirk hast. *Do–Mo 9–18.30, Mi 9–21 Uhr | Eintritt 12 Euro | Dachführungen Jan.–Dez. Mi 18.30, So 16 Uhr | Eintritt 8 Euro | Info-Tel. 01 52 17 70 | Burgring 7 | Eingang Maria-Theresien-Platz | nhm-wien.ac.at | Straßenbahn D, 1, 2, 46, 49, Bus 48 A, U 2, 3 Volkstheater | ab 2 Std. | J8–9*

12 HELDENPLATZ

Kämpferisch bäumt sich das Pferd von Prinz Eugen auf, gegenüber sitzt Erzherzog Karl hoch zu Ross. Die beiden Feldherren wachen über den Heldenplatz, der in der Nacht mit Blick auf die eindrucksvoll beleuchtete Hofburg, mehrere Museen, das Rathaus und das Parlament einer der imposantesten Orte Wiens ist. Nur wenige Meter von den zwei Reitern entfernt, steht am benachbarten Ballhausplatz das Deserteursdenkmal für Verfolgte der NS-Militärjustiz. *Heldenplatz | Straßenbahn D, 1, 2, 71, Bus 2 A, U 3 Herrengasse | K8*

13 WELTMUSEUM WIEN

Wiens ethnografisches Museum zählt europaweit zu den bestbestückten dieser Art. Schwerpunkte sind die Ozeaniensammlung James Cooks, Bronzeskulpturen aus Benin und die Altmexikanischen Kostbarkeiten mit der berühmten Federkrone des Montezuma. Spannend: die monothematischen Wechselausstellungen. *Do–Di 10–18 , Fr 10–21 Uhr | Eintritt 12 Euro | Neue Burg | Heldenplatz | weltmuseumwien.at | Straßenbahn 1, 2, 71, D, Bus 57 A Burgring | U 2, 3 Volkstheater | 1–2 Std. | K8–9*

14 HOFBURG ★

Über 600 Jahre lang, von der Belehnung des Habsburgers Rudolf I. mit den österreichischen Ländern (1276) bis zum Rücktritt Kaiser Karls (1918), war „die Burg" die Residenz des österreichischen Herrscherhauses. Anfangs eine vergleichsweise kleine Burg, wuchs sie im Lauf der Jahrhunderte parallel mit der Macht und dem Reich ihrer Bewohner zu einem verschachtelten Gebäudekomplex, der heute 18 Trakte und 19 Höfe umfasst.

Ältester Teil ist der Schweizerhof, von dem aus man die Kaiserliche Schatzkammer und die im Kern gotische

Burgkapelle betritt. Schöpfungen des 16. Jhs. sind die Stallburg, der Amalientrakt und das rot-schwarz-goldene Schweizertor am Eingang zu dem gleichnamigen Hof. Im 17. Jh. entstand der Leopoldinische Trakt und im 18. Jh. unter der Leitung von Johann Lukas von Hildebrandt und Joseph Emanuel Fischer von Erlach der Reichskanzleitrakt. Vater und Sohn Fischer von Erlach schufen auch die Winterreitschule, in der die Lipizzaner ihre Künste vollführen, sowie die Nationalbibliothek, deren barocker Prunksaal mit seiner gewaltigen Kuppel vielfach als schönster Bibliothekssaal der Welt bezeichnet wird. Der Michaelertrakt wurde Ende des 19. Jhs. vollendet. Als Letztes folgte 1891 bis 1913 die Neue Burg als Teil eines viel größeren Erweiterungsprojekts, dessen Verwirklichung der Erste Weltkrieg verhinderte.

Von den rund 2500 Räumen dieses steinernen Labyrinths kannst du nur einen Bruchteil besichtigen. Da sind zum einen die Kaiserappartements samt Sisi-Museum sowie die Silberkammer, die beide vom Kuppelraum des Michaelertrakts aus zu erreichen sind. Dann die Kaiserliche Schatzkammer, die Burgkapelle, der Prunksaal der *Nationalbibliothek (Di–So 10–18, Do 10–21 Uhr | Eintritt 8 Euro | Josefsplatz 1 | onb.ac.at)*, die Spanische Hofreitschule und schließlich, in der Neuen Burg, die zum Kunsthistorischen Museum gehörige Hofjagd- und Rüstkammer, die Sammlung alter Musikinstrumente, das Weltmuseum Wien, das erst 2018 eröffnete Haus der Geschichte Österreichs sowie das Ephe-

Da wird einem ganz schwindlig: Die Hofburg ist ein Megakomplex mit 2500 Räumen

Scannen & Auswählen
WIE-21-018

Rote Rosen und Athen: Im Volksgarten geht es bunt zu, das Rathaus schaut zu

sosmuseum. *Kombiticket für alle Museen inkl. Globenmuseum und Papyrusmuseum 19 Euro (7 Tage gültig) | Michaelerplatz 1, Josefsplatz, Heldenplatz, Ballhausplatz | hofburg-wien.at | Straßenbahn D, 1, 2, 71, Bus 2 A Burgring | U 1, 2, 4 Karlsplatz | ⏲ 4–6 Std. |* *K 8–9*

15 KAISERLICHE SCHATZKAMMER ★

Geh auf Schatzsuche: Eine der wertvollsten Preziosensammlungen der Welt befindet sich im ältesten Teil der Hofburg, dem Schweizerhof. In ihren rund 20 Räumen kannst du Krönungs- und Ordensinsignien, Hoheitszeichen, Schmuck und Erinnerungsstücke von unschätzbar hohem Wert bewundern. Zu den größten Kostbarkeiten zählen die sogenannten Reichskleinodien und Reliquien des Heiligen Römischen Reiches Deutscher Nation. Dazu gehören Reichsapfel und Reichsschwert, Lehensschwert, Zepter, die sagenhafte Heilige Lanze, mit der angeblich die Brust Jesu Christi durchstochen wurde, sowie die im Jahr 962 gefertigte und damit älteste Reichskrone der Welt. Ähnlich kostbar sind der Schatz, den Maria von Burgund 1477 in die Ehe mit dem späteren Kaiser Maximilian I. einbrachte, sowie jener des Ordens vom Goldenen Vlies. Außerdem kannst du dir noch diverse kuriose Kostbarkeiten aus der Kunstkammer Ferdinand I. anschauen. *Mi–Mo 9–17.30 Uhr | Eintritt 12 Euro | Hofburg/Schweizerhof | kaiserliche-schatzkammer.at | Straßenbahn D, 1, 2, 71, Bus 1 A, 2 A, 57 A Burgring | ⏲ 1–2 Std. |* *K8*

16 SPANISCHE HOFREITSCHULE

Wenn du ein Wiehern und den Duft von Pferdeäpfeln aus jenem Gebäude wahrnimmst, in dem Österreichs Staatsoberhaupt – also der Präsident – untergebracht ist, leidest du nicht an Sinnesverwirrung. In der Hofburg ist auch die Spanische Hofreitschule mit ihren Lipizzanern untergebracht. Die Tiere können bei ihrer Morgenarbeit *(meist Di–Fr 10–12 Uhr)* bewundert werden. Karten, auch für die ca. einstündigen Führungen inkl. Stallbesichtigung, sind im Besucherzentrum erhältlich *(Führung tgl. 14, 15 und 16 Uhr, Kinder (6–12) tgl. 14 und 15 Uhr | Morgenarbeit 15 Euro, mit Führung 18 Euro, Vorführung mit Führung 31 Euro, Kinder 6 Euro). Für die Galavorführungen kannst du Karten online unter srs.at bestellen. Termininfos: Tel. 01 5 33 90 31 | K8*

17 KAISERAPPARTEMENTS, SILBERKAMMER & SISI-MUSEUM

So speiste man am Hof: auf Porzellan aus Ostasien und dem Augarten, mit Kristallgläsern und Silberbesteck. Glanzpunkte der *Silberkammer* sind der fast 30 m lange „Mailänder Tafelaufsatz" und ein Prunkservice für 140 Personen. Die Kaiserappartements umfassen u. a. die Gemächer von Kaiser Franz Joseph I. und seiner Gemahlin Elisabeth, ihren Speisesaal, den Audienzsaal sowie die Räume des kaiserlichen Offiziersstabs. Ebenfalls angegliedert ist das *Sisi-Museum*, das die „Wahrheit statt den Mythos" rund um die zur Legende entrückten Kaiserin zeigt. *Sept.–Juni tgl. 9–17.30 Uhr, Juli/Aug. tgl. 9–18 Uhr | Eintritt 15 Euro für Kaiserappartements, Silberkammer und Sisi-Museum, Sisi-Ticket in Kombination von Sisi-Museum mit Schönbrunn, Hofburg und Hofmobiliendepot 34 Euro | Innerer Burghof, Kaisertor | hofburg-wien.at | Bus 2 A, U 1 Herrengasse | 1–2 Std. | K8*

18 LOOSHAUS

Kaum ein Gebäude Wiens hat so viele Kontroversen ausgelöst wie dieses 1911 von Adolf Loos fertiggestellte Wohn- und Geschäftshaus. Das kühne Werk mit edler, aber schlichter Hülle aus grünem Marmor und Glas ist ein Meilenstein auf dem Weg zum funktionalen Baustil des 20. Jhs. *Michaelerplatz 3 | Bus 2 A, 3 A | U 3 Herrengasse | K8*

19 MINORITENKIRCHE

Der dreischiffige Hallenbau mit seinem für Bettelorden typischen Dachreiter ist ein Werk der Gotik (14. Jh.). Großartig sind die filigranen geometrischen Verzierungen der Fenster, das Portal und das Letzte-Abendmahl-Mosaik, eine Nachbildung von Leonardo da Vincis berühmtem Fresko. *Minoritenplatz | U 3 Herrengasse | K8*

20 VOLKSGARTEN

Nachdem Napoleon 1809 die Burgbastei hatte schleifen lassen, wurde auf dem frei gewordenen Gelände eine Parkanlage „für das Volk" mit streng geometrischen Wegen gestaltet. In deren Mitte errichtete Peter Nobile den „Theseustempel". Für seine Blütenpracht berühmt ist der Rosengarten nahe dem Ausgang zum Burgtheater. *Straßenbahn D, 1, 2, 46, 49, 71, Bus 48 A Stadiongasse/Parlament* | *J–K8*

21 PARLAMENT

Der 1873–83 errichtete Bau ist sowohl Sitz des National- als auch des Bundesrats. Mit den antikisierenden Formen und dem Brunnen mit der Weisheitsgöttin Pallas Athene vor der Hauptrampe wollte Theophil Hansen die Einhaltung der griechischen Ideale der Demokratie anmahnen. Das Gebäude wird zurzeit saniert, bis 2021 tagt das österreichische Parlament im Großen Redoutensaal in der Hofburg. *Einstündige Führungen, außer an Sitzungs- und Feiertagen: Mo–Do 10.45, 13.45, 14.45, 15.45, Fr zusätzlich 12.45, Sa zusätzlich 11.45, 12.45, 16.45 Uhr* | *Eintritt gratis* | *Anmeldung für Gruppen: Tel. 01 401 10 24 00* | *parlament.gv.at* | *Straßenbahn D, 1, 2, 71 Parlament (historisches Parlamentsgebäude)* | *U 3 Herrengasse (Josefsplatz 4, Hofburg-Führungen)* | *1 Std.* | *J8*

22 WIENER RATHAUS

Der neugotische Prunkbau entstand 1872–83. Hier residieren der Bürgermeister sowie Stadt- und Landesregierung. Das Innere (der Arkadenhof, die Feststiege und der kolossale Festsaal) kann im Rahmen von Führungen besichtigt werden. Auf dem fast 100 m hohen Turm wacht der mit Standarte 6 m hohe Rathausmann, eine Art eisernes Riesenmaskottchen, über die Stadt. Vor der mit Loggien, Balkonen und Spitzbogenfenstern verzierten Hauptfassade werden im Sommer auf einer Leinwand Opern- und Konzertfilme gezeigt. Den Rathauspark zieren zahlreiche Denkmäler. *Gratisführungen Mo, Mi und Fr 13 Uhr (außer an Sitzungs- und Feiertagen)* | *Friedrich-Schmidt-Platz 1* | *Tel. 01 5 25 50* | *Straßenbahn D, 1, 71 Rathausplatz* | *Straßenbahn 2, U 2 Rathaus* | *J8*

23 WIEN MUSEUM MUSA

Das MUSA zeigt neben dem Rathaus vor allem zeitgenössische Wiener Kunst und das auf 600 m². Es gehört aber auch zum Wien Museum, dem kulturellen Archiv der Stadt, und ist bis zum Umbau des Haupthauses am Karlsplatz, der 2019 begonnen hat und einige Jahre dauern wird, Ort für wechselnde Ausstellungen über historische, kulturelle oder längst vergessene Besonderheiten der Stadt. Für alle unter 19 Jahren ist der Eintritt frei, der Rest kommt am 1. Sonntag im Monat umsonst rein. *Di–So 10–18 Uhr* | *Eintritt 7 Euro* | *Felderstraße 6–8* | *musa.at sowie Website zum Umbau wienmuseumneu.at* | *Straßenbahn D, 1, 71 Rathausplatz* | *Straßenbahn 2, U 2 Rathaus* | *1–2 Std.* | *J7–J8*

24 BURGTHEATER

An diesem Weiheort deutschsprachiger Theaterkultur ist nicht nur interessant, was auf der Bühne geschieht. Auch das 1874–88 nach Plänen Gottfried Sempers und Carl von Hasenauers entstandene Gebäude selbst ist sehenswert – sowohl seine Fassade im Stil der italienischen Hochrenaissance mit den Kolossalbüsten der Dichtergrößen über den Fenstern als auch das prunkvolle Innere mit den Feststiegen und Pausenräumen und dem 1500 Menschen fassenden Saal. *Führungen (etwa 1 Std.) tgl. 15 Uhr | Eintritt 7 Euro | Universitätsring 2 | Straßenbahn D, 1, 37, 38, 40–44, 71, U 2 Schottentor |* *J-K8*

25 UNIVERSITÄT

Das Hauptgebäude von Wiens 1365 gegründeter Universität zählt zu den grandiosesten Ringstraßenbauten. Es wurde in den 1870er-Jahren nach Plänen Heinrich Ferstels im Stil der Neorenaissance erbaut und kann auch per Audioguide oder Smartphone-App besichtigt werden. Höhepunkt des Rundgangs durch Aula und Hörsäle sind die 154 Büsten berühmter Wissenschaftler im Arkadenhof. *Ausleih Audioguide Mo–Fr 9–20 Uhr beim Portier | Gebühr 3 Euro (Ausweis mitnehmen!) | Führungen Do 18 Uhr, Sa 10.30 Uhr | Eintritt 5 Euro | Universitätsring 1 | event.univie.ac.at | Straßenbahn D, 1, 37, 38, 40–44, 71, U 2 Schottentor | 30–60 Min. |* *J7*

26 BEETHOVEN PASQUALATIHAUS

An die 60-Mal wechselte Ludwig van Beethoven in Wien und Umgebung seine Wohnung. Eine der bekanntesten Adressen ist das klassizistische Pasqualati-Haus, in dem der Komponist u. a. die Oper „Leonore" verfasste, die später als Fidelio bekannt wurde. Beethovens Wohnung kann nicht besichtigt werden, aber in einer Nachbarwohnung wurde im 4. Stock (kein Lift) ein kleines Museum mit Manuskripten und Hörstationen eingerichtet. *Di–So 10–13 und 14–18 Uhr | Eintritt 5 Euro | Mölker Bastei 8 | Straßenbahn D, 1, 37, 38, 40–44, 71, Bus 1 A, U 2 Schottentor | 30–45 Min. |* *K7*

Schwere Aufgabe: Athene, die Göttin der Weisheit, wacht übers Parlament

Scannen & Auswählen
WIE-21-020

27 VOTIVKIRCHE

Die 1879 eröffnete Votivkirche ist eine der prägnantesten Sakralbauten und mit 99 m die zweitgrößte Kirche Wiens, nur der Stephansdom ist höher. In der frei zugänglichen dunklen Basilika zweigen acht Seitenkapellen ab, von der Decke hängen eindrucksvolle Kronleuchter. Die Glasgemälde der Kirchenfenster wurden während des Zweiten Weltkriegs vernichtet und danach neu entworfen. Da die Kirche bis 2023 renoviert wird, sind Teile ihrer Front leider durch ein großes Werbeplakat verdeckt. *Di–Sa 10–18, So 9–13 Uhr | Eintritt gratis | Führungen jeden 2. Sa im Monat, 11 Uhr (Anmeldung über die Website, 7 Euro) | votivkirche.at | Straßenbahn D, 1, 37, 38, 4–44, 71, U 2 Schottentor | J7*

INNERE STADT/ÖSTLICHER TEIL

Östlich der Hofburg und Freyung erstreckt sich, überragt vom Stephansdom, Wiens mittelalterliches Gassenlabyrinth. Dessen historische Bausubstanz präsentiert sich heute mehr denn je auf Hochglanz renoviert und mit pulsierendem Leben erfüllt.

Für die Dynamik des Viertels sorgen elegante Geschäfte und eine boomende Lokalszene, aber auch Kulturinitiativen und etliche hochkarätige Museen.

28 HAUS DER MUSIK

Auf den sieben Etagen dieses aufwendig renovierten Palais kannst du eine multimediale und interaktive Reise durch die Welt der Töne unternehmen – von den 1842 hier gegründeten Wiener Philharmonikern bis hin zu Hyperinstrumenten für Eigenexperimente. *Tgl. 10–22 Uhr | Eintritt 13 Euro | Seilerstätte 30 | hdm.at | Straßenbahn D, 2, 71 Schubertring | U 1, 2, 4 Karlsplatz | 1–2 Std. | L9*

29 KAPUZINERGRUFT

Hier, unter der Kapuzinerkirche, wurden seit 1632 sämtliche habsburgischen Herrscher und ihre nächsten Angehörigen bestattet. Allerdings ruhen ihre Herzen in der Augustinerkirche und ihre Eingeweide in den Katakomben von St. Stephan. Als letzten Kaiser setzte man 1916 Franz Joseph I. in der Kaisergruft bei. Das letzte Begräbnis eines gekrönten Hauptes fand erst 1989 statt, als Kaiserin Zita, die Witwe von Karl I., hier ihre letzte Ruhe fand. Von den 138 Metallsärgen ist Balthasar Ferdinand Molls Doppelsarkophag für Maria Theresia und ihren Gemahl, Franz I. Stephan von Lothringen, der prächtigste. Leichen schauen igehen klingt makaber? Vielleicht. Aber auch spannend für Kinder: Für alle von 7 bis 13 gibt es einmal im Monat einstündige Führungen inklusive Quiz – Anmeldung über die Website erforderlich. *Tgl. 10–18, Do 9–18 Uhr | Eintritt 7,50 Euro | Neuer Markt 2 | kapuzinergruft.at | Bus 3 A, U 1, 3 Stephansplatz | 1 Std. | K8*

INSIDER-TIPP
Hallo Gruftis!

30 DONNERBRUNNEN

Wiens schönster Brunnen, ein Meisterwerk des großen Barockbildhauers Georg Raphael Donner, entstand 1737–39. Die Statue in der Mitte stellt Providentia, die Allegorie für Voraussicht, dar. Die Randfiguren personifizieren Traun, Enns, Ybbs und March – die vier Hauptzuflüsse der Donau. Donners Bleiplastiken wurden im 19. Jh. durch Bronzekopien ersetzt. Die Originale stehen im Barockmuseum im Unteren Belvedere. *Neuer Markt | Bus 2 A, U 1, 3 Stephansplatz |* *J8*

31 JÜDISCHES MUSEUM WIEN

Neben einer permanenten Schau zur jüdischen Religion und (Leidens-)Geschichte werden Wechselausstellun-

Himmlische Ruhe im Steffl: So leer ist der Stephansdom wohl eher selten

gen zu Themen wie jüdische Literatur, Architektur etc. angeboten.

Als Ergänzung empfehlenswert: der Gang zum Judenplatz, wo Rachel Whitereads kubisches „Mahnmal für die österreichischen jüdischen Opfer der Schoah" steht und im Misrachi-Haus *(K8)* eine Dependance des Museums über das Leben der jüdischen Gemeinde im Mittelalter informiert und archäologische Reste einer Synagoge zeigt. *So–Fr 10–18 Uhr | Eintritt 12 Euro (Kombiticket mit Misrachi-Haus) | Dorotheergasse 11 | jmw.at | U 1, 3 Stephansplatz | 1–2 Std. | K8*

32 STEPHANSDOM ★

Dieses von den Wienern liebevoll „Steffl" genannte Wahrzeichen der Stadt ist das bedeutendste gotische Bauwerk Österreichs. Seine Entstehungsgeschichte reicht bis 1147 zurück, als man hier eine erste, noch romanische Kirche weihte. Diese wurde Mitte des 13. Jhs. durch einen ebenfalls romanischen Neubau ersetzt, dessen Reste, das Riesentor mit den beiden Heidentürmen, bis heute die Westfront des Doms bilden.

Der heutige Bau entstand in mehreren Etappen: 1303–40 der dreischiffige Albertinische Chor, ab 1359 das Langhaus mit seinen prachtvollen Stern- und Netzrippengewölben sowie der 137 m hohe Südturm. Dessen geplantes Gegenstück, der Nordturm, blieb unvollendet und erhielt 1579 einen „Turmhelm" im Renaissancestil. Darunter hängt die Pummerin, eine

21 t schwere Glocke. Sie wurde nach der zweiten Türkenbelagerung (1683) aus dem Erz der erbeuteten Kanonen gegossen.
Der Kirchenraum, den Adolf Loos als „weihevollsten der Welt" pries, beherbergt eine Vielzahl einzigartiger Kunstschätze. Die wichtigsten sind die 1514/15 von Anton Pilgram geschaffene Kanzel, der gotische „Wiener Neustädter Altar" von 1447, das Hochgrab Kaiser Friedrichs III., das Niclas Gerhaert van Leyden 1467 bis 1513 geschaffen hat, und das Grabmal von Prinz Eugen von Savoyen aus dem Jahr 1754. Empfehlenswert ist auch der Abstieg in die Katakomben, in denen die sterblichen Überreste von 15 frühen Habsburgern sowie in Urnen die Eingeweide jener 56 weiteren Mitglieder des Herrscherhauses ruhen, deren Gebeine in der Kaisergruft bestattet sind. Traumhafte Ausblicke über die Stadt genießt du, wenn du über 343 enge Stufen zur Türmerstube im Südturm hochsteigt.
Domführungen tgl. dt. 15, engl. Mo–Sa 10.30 Uhr | Eintritt 6 Euro | Abendführungen mit Dachrundgang: Juli–Sept. nur bei Schönwetter Sa 19 Uhr | Eintritt 11 Euro | Katakomben (nur mit Führung) Mo–Sa 10–11.30 und 13.30–16.30 Uhr, So nur nachmittags ca. alle halbe Stunde | Eintritt 6 Euro | Besteigung des Südturms tgl. 9–17.30 Uhr | Eintritt 5 Euro | Aufzug zur Pummerin im Nordturm tgl. 9–17.30 Uhr | Eintritt 6 Euro | All-Inclusive-Ticket mit Audioguide 14,90 Euro | Stephansplatz 3 | stephanskirche.at | U 1, 3 Stephansplatz | 2 ½ Std. | L8

33 ÖFFENTLICHE BEDÜRFNIS-ANSTALT AM GRABEN

Jeder muss mal – vor allem dann, wenn man den ganzen Tag rumläuft und Sehenswürdigkeiten besichtigt. Und meist will man das schnell über die Bühne bringen, ohne genau hinzusehen. Wer in der Öffentlichen Bedürfnisanstalt am Graben die Augen schließt, verpasst was: Wiens schönste öffentliche Toilette, die sogar unter Denkmalschutz steht. Mit Marmor, Messing, vergoldeter Schrift, kleinem Waschbecken und Spiegel in jeder Kabine. Das Jugendstilklo war Wiens erste unterirdische Bedürfnisanstalt und wurde 1905 inmitten der historischen Altstadt errichtet. Hinunter geht es links und rechts neben dem Josefsbrunnen, wenige Meter von der Pestsäule entfernt. *Graben, Ecke Habsburgergasse | Bus 1 A, 2 A, U 1, 3 Stephansplatz | K8*

34 TIME TRAVEL VIENNA

Du brauchst einen Wien-Schnellsiedekurs? Hier bekommst du in 50 Minuten die wichtigsten Eckpunkte einer 2000-jährigen Geschichte über alle Sinne eingeflößt. Sprich: Walzer, Habsburger, Sachertorte, Türkenkriege und Sonstiges, worauf man in dieser Stadt stolz und nicht so stolz ist. Im Keller des Salvatorianerklosters wurde eine Erlebniswelt inklusive 5-D-Kino und Puppenshow eingerichtet. Wunderbar für Wien-Anfänger geeignet. *Tgl. 10–20 Uhr | Eintritt 19,50 Euro (online 15,60 Euro), Kinder (5–14 J.) 15,50 Euro (online 12,40 Euro) | Habsburgergasse 10a | timetravel-vienna.at | Bus 2 A Habsburgergasse | U 1, 3*

Stephansplatz | U 3 Herrengasse | 1 Std. | K8

35 MUSEUM DER ILLUSIONEN

Hier kann sich endlich die Welt um einen drehen. In drei Räumen schrumpfen und wachsen deine Mitmenschen, oder sie kleben an der Decke. Kleines Museum, das Kinder mit Holzspielzeug und Puzzles herausfordert. Kamera mitnehmen! *Tgl. 10–21 Uhr | Eintritt 12 Euro, Kinder (5–18 J.) 8 Euro | Wallnerstraße 4 | museumderillusionen.at | U 3 Herrengasse | 1 Std. | K8*

36 PALAIS FERSTEL

Dieses Prunkstück der Wiener Ringstraßenarchitektur wurde 1856-60 von Heinrich von Ferstel für die Nationalbank erbaut. Bis 1877 beherbergte es auch die Börse. Das *Café Central* an der Ecke Herrengasse/Strauchgasse war um die Wende zum 20. Jh. als Treffpunkt von Dichtern und Denkern berühmt. Nach Jahrzehnten des Verfalls wurde der riesige, von drei Seiten zugängliche Baukomplex in den 1980er-Jahren mitsamt seinen Einkaufspassagen restauriert. *Freyung 2/ Herrengasse | Bus 1 A, 2 A, U 3 Herrengasse | K7–8*

37 FREYUNG

Die große dreieckige Freifläche im Nordwesten der Altstadt diente im Mittelalter als Marktplatz, Bühne für Gaukler und Hinrichtungsstätte. An ihrer Nordseite gründete der Babenberger Herzog Heinrich II. Jasomirgott im Jahr 1155 das Schottenstift. Rundherum entstanden etliche prachtvolle Adelssitze – darunter das barocke, von Lukas von Hildebrandt entworfene Palais Daun-Kinsky *(Haus Nr. 4)* sowie das Palais Harrach *(Nr. 3)* und das venezianisch anmutende Palais Ferstel *(Nr. 2)*, in dem sich u. a. das *Café Central* befindet. Beachte auch das Schubladenhaus rechts neben der Schottenkirche. *Bus 1 A, 2 A , U 3 Herrengasse | K7*

38 BANK AUSTRIA KUNSTFORUM

In den von Stararchitekt Gustav Peichl gestalteten Räumen finden wechselnde, stets hochkarätige Ausstellungen zur Malerei des 19./20. Jhs. statt. *Sa–Do 10–19, Fr 10–21 Uhr | Eintritt 11 Euro, Happy Hour Mo–Do 18–19 Uhr: zwei Pers. zum Preis von einer | Freyung 8 | kunstforumwien.at | Straßenbahn D, 1, 37, 38, 40–44, 71, U 2 Schottentor | Bus 1 A, 2 A, U 3 Herrengasse | K7*

39 AM HOF

Auf diesem ehemaligen Mittelpunkt der Stadt stand schon im 12. Jh. der „Hof" der Babenberger Herzöge. Gut 100 Jahre später wurde der Herrschersitz in die Hofburg verlegt. Das feudale Flair jedoch ist geblieben. Rund um die zentrale Mariensäule reiht sich eine prachtvolle Fassade an die andere: die Kirche zu den neun Chören der Engel, links davon das Palais Collalto, in dem Mozart als Sechsjähriger sein erstes Konzert in Wien gab; gegenüber das Bürgerliche Zeughaus und das Märkleinsche Haus, ein Werk Johann Lucas von Hildebrandts, mit dem *Feuerwehrmuseum (Di 14–17, So 9–12 Uhr | Eintritt frei | Am Hof 7 |*

Tel. 01 53 19 90). Am Hof | Bus 1 A, 2 A | K7–8

40 MARIA AM GESTADE

Die Hauptattraktion dieser schmalen gotischen Kirche (1343–1414), die einst direkt am Steilufer eines alten Donauarms lag, ist der zierliche siebenseitige Kuppelhelm ihres Turms. Baugeschichtlich interessant ist der geländebedingte Knick in der Achse zwischen Langhaus und Chor. Ein Schrein vor dem Altar einer Seitenkapelle birgt die Reliquien des hl. Clemens Maria Hofbauer, des Stadtpatrons von Wien. *Salvatorgasse 12/ Passauer Platz | Bus 1 A, 3 A* | K7

41 DOKUMENTATIONSARCHIV DES ÖSTERREICHISCHEN WIDERSTANDS

Wie kam es zur nationalsozialistischen Diktatur in Österreich? Wer wurde verfolgt, wer leistete Widerstand? Und was geschah nach dem Ende des Zweiten Weltkriegs? Das versteckt gelegene DÖW beantwortet diese Fragen in einer Dauerausstellung. Schautafeln thematisieren etwa den „Anschluss" und den Widerstand der Kärntner Sloweninnen und Slowenen sowie Rechtsextremismus nach 1945. Neben Fotos und Bildtexten werden originale Dokumente aus der Zeit des Nationalsozialismus gezeigt. *Mo–Mi, Fr 9–17, Do 9–19 Uhr | Eintritt frei | Wipplingerstraße 6–8 | doew.at, virtuelle Ausstellung unter ausstellung.de.doew.at | U 1, 3 Stephansplatz | 30 Min.* | K7

42 HOHER MARKT

Unter dem Pflaster dieses ältesten Platzes von Wien, auf dem sich im Mittelalter das Verlies, der Pranger und das städtische Gerichtsgebäude be-

Ankeruhr am Hohen Markt: Zwölf Figuren erscheinen in zwölf Stunden

Scannen & Auswählen
WIE-21-023

Beliebtes Fotomodell im Stadtpark: Johann Strauß' Sohn geigt zum Walzer auf

fanden, wurden Fundamente und Mauerteile des römischen Legionslagers Vindobona entdeckt. Die Reste einiger Offiziershäuser sind in einem unterirdischen Schauraum zu sehen: *Römermuseum (Di–So 9–18 Uhr | Eintritt 7 Euro).* Eine Attraktion in der Nordostecke des Platzes bildet die *Ankeruhr.* Auf der 1911 vom Jugendstilkünstler Franz von Matsch in Form einer Brücke zwischen den Häusern Nr. 10 und 11 erbauten Kunstuhr erscheinen im Lauf von zwölf Stunden zwölf Figuren aus der Geschichte der Stadt. Täglich um 12 Uhr mittags findet, von Musik begleitet, eine Parade sämtlicher Figuren statt. *Bus 1 A, 3 A, U 1, 3 Stephansplatz | U 1, 4 Schwedenplatz | ⊞ L7*

43 STADTTEMPEL

Noch unspektakulärer geht's wohl nicht? Dass sich hinter der unscheinbaren Fassade eines Mietshauses in der Seitenstettengasse 4 die Hauptsynagoge von Wien verbirgt, ist kaum zu glauben. Der Stadttempel ist von außen deshalb nicht als Bethaus zu erkennen, weil nicht-katholische Gotteshäuser zur Zeit der Erbauung (bis 1826) nicht von der Straße aus sichtbar sein durften. Es ist dieser unauffälligen Fassade zu verdanken, dass die Synagoge als einziges von 94 jüdischen Bethäusern die Novemberprogrome von 1938 überstanden hat.

Im Vorraum erinnert eine Gedenkstätte an die 65 000 ermordeten österreichischen Juden, deren Namen hier auf drehbaren Schiefertafeln eingraviert sind. Bitte bring aus Sicherheitsgründen einen Lichtbildausweis mit, und plane ausreichend Zeit ein für die Sicherheitskontrollen. Besichtigung nur mit Führung. *April–Okt. Mo–Do 11.30 und 14 Uhr, Nov.–März 11.30 Uhr | Seitenstettengasse 4 | ikg-wien.at | U 4 Schwedenplatz | 1 Std. | L7*

44 RUPRECHTSKIRCHE

Mitten im Ausgehviertel Bermudadreieck steht Wiens älteste erhaltene Kirche. Die Grundmauern der winzigen Ruprechtskirche sollen laut Überlieferungen schon seit dem Jahr 740 stehen, das Langhaus stammt aus dem 12. Jh., der Zeit der Romantik. *Ruprechtsplatz 1 | Bus 2 A, U 1, 4 Schwedenplatz | L7*

45 ÖSTERREICHISCHE POSTSPARKASSE

Mit diesem kühl-eleganten Bau schuf der große Neuerer Otto Wagner, der stets die Einheit von Funktionalität und Schönheit predigte und mit seinen Bauten Wiens Stadtbild geprägt hat, sein Meisterwerk – eine Pionierleistung der modernen Architektur. Sehenswert sind nicht nur die mit Marmor und Granitplatten verkleidete und von zwei Schutzengeln aus Aluminium gekrönte Fassade und der glasüberdachte Kassensaal mit seiner bis ins kleinste Detail perfekten Inneneinrichtung, sondern auch das angeschlossene, Wagners Werk gewidmete Museum. *Kassensaal Mo–Fr 8–17.30 Uhr | Eintritt frei | Museum Mo–Fr 10–17.30 Uhr | Eintritt frei | Georg-Coch-Platz 2 | Straßenbahn 2 Julius-Raab-Platz | 1 Std. | L–M 7–8*

46 MAK – MUSEUM FÜR ANGEWANDTE KUNST

Europäisches Kunstgewerbe vom Mittelalter bis zur Gegenwart: Glas, Keramik, Möbel, Porzellan, Textilien und Ostasiatika. Die Sammlung des MAK ist nicht nur reich bestückt, sondern auch effektvoll präsentiert. Glanzstücke sind die Arbeiten der Wiener Werkstätte und die Orientteppiche. Zudem gibt es regelmäßig Sonderausstellungen zeitgenössischer Kunst. Beachtung verdient auch der Museumsbau des Architekten Heinrich von Ferstel mit seiner reich verzierten Ziegelfassade im Stil der italienischen Renaissance. Noch keine Pläne für Dienstagabend? Ab ins MAK, dort kommst du von 18–22 Uhr für nur 5 Euro rein. *Di 10–22, Mi–So 10–18 Uhr | Eintritt 12 Euro | Stubenring 5 | mak.at | Straßenbahn 2, Bus 3 A, 74 A, U 3 Stubentor | 1 Std. | M8*

INSIDER-TIPP
Kunst für einen Fünfer

47 STADTPARK

Diese grüne Insel der Ruhe wurde 1862 eröffnet – als erster von der Stadtverwaltung angelegter Park. Seine gewundenen Spazierwege sind von Denkmälern gesäumt. Das berühmteste zeigt Johann Strauß' Sohn, wie er zum Walzer aufgeigt. Renoviert wurde die schöne Treppenanlage mit ihren Pavillons neben der U-Bahn-Station Stadtpark – ein Werk des Jugendstilarchitekten Friedrich Ohmann.

Parkring | U 4 Stadtpark | Straßenbahn 2, U 3 Stubentor | L-M 8–9

48 JESUITENKIRCHE

Vor allem fasziniert die Deckenmalerei: Inmitten des Langhauses täuscht sie eine zentrale Kuppel vor. Anfang des 17. Jhs. erbaut, wurde die Kirche (auch Universitätskirche genannt) zu Beginn des 18. Jhs. von Andrea Pozzo hochbarock umgestaltet. Ihre doppeltürmige Fassade begrenzt einen der stimmungsvollsten Innenstadtplätze. *Dr.-Ignaz-Seipel-Platz | Straßenbahn 2, Bus 2 A, U 3 Stubentor | L8*

Von der Tasse bis zum Eimer: Im MQ Point ist, logo, alles mit MQ-Logo

49 MOZARTHAUS

Im Spätrokokoambiente dieser einzigen in Wien erhaltenen Mozart-Wohnung lebte der Meister 1784–87 und schrieb hier unter anderen die Oper „Hochzeit des Figaro". Auf drei Etagen ist eine umfassende Dauerschau über Wolfgang Amadeus Mozarts Wiener Jahre zu sehen. *Tgl. 10–19 Uhr | Eintritt 11 Euro | Domgasse 5 | mozarthaus vienna.at | Bus 1 A, U 1, 3 Stephansplatz | L8*

NEUBAU, JOSEFSTADT & ALSERGRUND

Spätestens seit das Museumsquartier Anfang des Jahrtausends eröffnet wurde, gilt der Siebte Bezirk, der „Neubau", als Hotzone für Kunstfreaks und Trendscouts.

Schon zuvor war an seinem Westrand der verkehrsumtoste, früher trostlose Straßenzug *Gürtel* zur schicken Kultur- und Gastromeile mutiert. Auch in den Gassen dazwischen schießen Szenelokale, Boutiquen und schräge Kunsthandwerksläden wie Pilze aus dem Boden. Als Vorzeigeidylle gilt hingegen das putzige Biedermeierviertel namens Spittelberg. Den Ruf einer Künstlergegend, wenngleich einer ziemlich bürgerlichen, genießt seit Langem auch die benachbarte Josefstadt – vor allem dank des gleichnamigen Theaters. Hier im Achten Bezirk und ebenso im nördlich angrenzenden Alsergrund, dem Neunten Bezirk, stammt die Architektur mehrheitlich

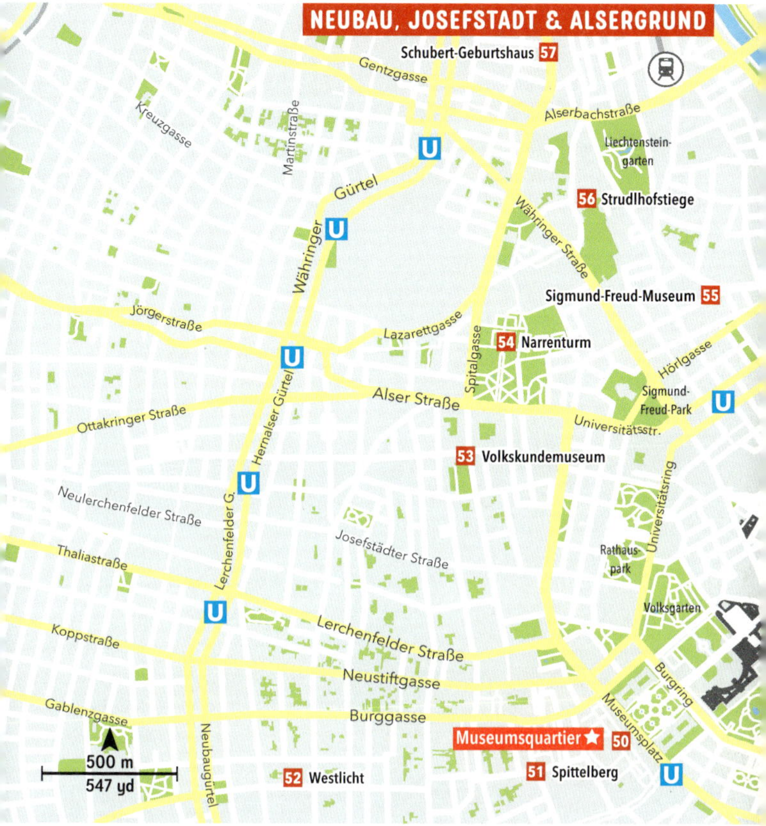

aus dem 19. Jh. Im ehemaligen Alten Allgemeinen Krankenhaus tummeln sich statt Ärzten und Kranken nun Professoren und Studenten. Die Universität Wien hat hier etliche Institute angesiedelt. In der Unigegend isst man gut und günstig.

50 MUSEUMSQUARTIER ★

Wer Kunst und Kultur liebt, kommt am Museumsquartier, kurz MQ, nicht vorbei: Innerhalb des von Grund auf sanierten Ensembles der ehemaligen barocken Hofstallungen ist 2001 auf 60 000 m² ein einzigartiger Museumskomplex entstanden. Gemeinsam mit den nahen Kunst- und Naturhistorischen Museen und der Hofburg bildet er eines der größten Kulturviertel der Welt. Mehr als 20 Museen, autonome Initiativen und Projekte sind hier angesiedelt und machen das MQ zum Ort der experimentellen Praxis und theoretischen Reflexion, zum Raum der Produktion und Vermittlung von Kunst.

Scannen & Auswählen
WIE-21-025

Im Innenhof des Areals laden riesige Liegen zum Sinnieren, Plaudern und Entspannen ein.

INSIDER-TIPP
Kunst zum Mitnehmen

Wer durch aktuelle Kunstkataloge und -bücher stöbern will, wird fündig in der *Buchhandlung Walther König* im Hauptdurchgang. Zu den bedeutendsten Institutionen des MQ zählen das *Leopold-Museum (Mi–Mo 10–18, Do 10–21 Uhr | Eintritt 13 Euro)*, das die weltweit größte Schiele-Sammlung und dazu Spitzenwerke von Gustav Klimt, Oskar Kokoschka, Alfred Kubin u. v. a. beinhaltet, und das *Museum Moderner Kunst (Mo 14–19, Di–So 10–19, Do 10–21 Uhr | Eintritt 12 Euro, bis 18 J. frei | mumok.at)*, in dem die klassische Moderne, die österreichische Avantgarde der Nachkriegszeit und die wichtigsten aktuellen Kunstrichtungen wie Informel, Fotorealismus, Objekt- und Aktionskunst zu Hause sind; Kinder ab 4 Jahren können das Museum mit einem „KinderkunstTransporter" besuchen, der Malutensilien enthält und auf dem man sitzen kann.

Im MQ gibt's außerdem: das Stammhaus der *Kunsthalle (Di–So 11–19, Do 11–21 Uhr | Eintritt 12 Euro | kunsthallewien.at)*, das *Architekturzentrum Wien (azw.at)*, das *Tanzquartier Wien (tqw.at)*, zwei Veranstaltungshallen und Experimentierflächen für Initiativen in den Bereichen Film, Neue Medien und Kunsttheorie namens *Quartier21* sowie das *Dschungel-Theater (dschungelwien.at)* und das *Zoom Kindermuseum (Di–Fr 8.30–16, Sa–So 9.45–16 Uhr | Eintritt ab 6 Euro | kindermuseum.at)*. Die Palette dort reicht

So schmeckt's: Abgasfrei essen kannst du im Spittelberg, hier in der Siebensterngasse

vom *Ozean*, einer Wasserbett-Tunnel-Landschaft (für Babys bis Dreijährige), über ein Atelier für bildende Künstler in spe (3–12) bis zum Multimedialabor zum Experimentieren (8–14) mit Trickfilmen, Sound und 3D-Räumen.

Damit nicht genug, dient das MQ dank der zehn Ein- und Durchgänge und seiner zahlreichen gastronomischen Betriebe auch als attraktive Passage zwischen der Innenstadt und den angrenzenden Bezirken sowie als bis in die Nacht pulsierender Treffpunkt. *Museumsplatz 1 | Tel. 01 5 23 58 81 | mqw.at | Straßenbahn 49, Bus 48 A, U 2, 3 Volkstheater oder Museumsquartier | ⏲ ab 2 Std. | 🕮 J9*

51 SPITTELBERG

Im Mittelalter grasten hier die Kühe, später wurde auf dem kleinen Hügel Wein angebaut. Heute reiht sich in den engen autofreien Gassen hinter dem Museumsquartier ein Biedermeierhäuschen am anderen, darin sind kleine Läden, Restaurants und Cafés untergebracht. Besonders charmant ist der Spittelberg mit seinem Kunstmarkt rund um die Weihnachtszeit. *Straßenbahn 49, Bus 48 A, U 2, 3 Volkstheater | 🕮 J9*

52 WESTLICHT

Fotos vom Krieg, Bilder aus dem Weltraum, historische Aufnahmen von berühmten Persönlichkeiten wie Che Guevara: Das Museum für Fotografie und Fotokunst zeigt Bilder, die die Welt bewegt haben und aktuell bewegen – in sechs bis acht wechselnden Ausstellungen pro Jahr, etwa der Schau *World Press Photo*. Auch interessant: die große Sammlung historischer Kameras. Besonders faszinierend ist eine Miniatur-Panoramakamera, die das deutsche Militär im Ersten Weltkrieg an Tauben anbrachte. *Di, Mi, Fr 14–19, Do 14–21, Sa/So 11–19 Uhr | Eintritt 8 Euro | Westbahnstr. 40 | westlicht.com | Straßenbahn 5, 49, U 6 Burggasse-Stadthalle | U 3 Zieglergasse | ⏲ 45 Min. | 🕮 H9*

INSIDER-TIPP
Fotodrohne anno 1908

53 VOLKSKUNDEMUSEUM ☂

Das Gartenpalais Schönborn beinhaltet eine Sammlung von mehr als 100 000 Objekten zu Europas Alltagskulturen: Textilien, Keramiken und Möbel gibt es hier zu sehen, dazu eine Zehntausende Bilder umfassende Fotosammlung. Eine Dauerstellung thematisiert die Fluchtbewegung nach Europa im Jahr 2015. „Die Küsten Österreichs" wurde von Menschen im Asylverfahren kuratiert. Immer wieder finden auch Podiumsdiskussionen, Lesungen und Buchpräsentationen statt, die auf der Website angekündigt werden. *Di–So 10–17, Do 10–20 Uhr | Eintritt 8 Euro | Laudongasse 15–19 | volkskundemuseum.at | Bus 13 A, Straßenbahn 5, 33 Laudongasse | Straßenbahn 43, 44 Lange Gasse | ⏲ 1–2 Std. | 🕮 H7*

54 NARRENTURM

Weiteratmen, nicht dem Brechreiz nachgeben! Im pathologisch-anatomischen Museum im Narrenturm schwimmen Organe und Föten mit Missbildungen in Gläsern. Die Samm-

Lauf die Strudlhofstiege hoch, danach hast du dir einen Apfelstrudel verdient!

lung gilt mit 45 000 pathologischen Präparaten als die größte dieser Art. Das Gebäude am Unicampus wird von den Wienern auch liebevoll Guglhupf genannt und war unter Joseph dem Zweiten das erste Krankenhaus Europas, das ausschließlich zur Behandlung von psychisch kranken Patienten errichtet wurde. Abseits medizintouristischer Erkundungen lässt es sich im Sommer in den studentischen Innenhöfen des „Alten AKH" herrlich entspannen: Promille gibt's in der Stiegl-Ambulanz. *Altes AKH tgl., Narrenturm Do, Sa 10–13 Uhr, Mi 10–18 Uhr | Eintritt 4 Euro (Fotos nicht erlaubt!) | Spitalgasse 2 | Straßenbahn 5, 33, 43, 44 Lange Gasse | U 2 Schottentor | H7*

INSIDER-TIPP
Bier trinken im Krankenhaus

55 SIGMUND-FREUD-MUSEUM
In den Räumen, in denen der Vater der Psychoanalyse fast ein halbes Jahrhundert lang, nämlich bis zu seiner Vertreibung 1938, ordinierte, sind Manuskripte und andere Erinnerungsstücke ausgestellt. Die berühmte Couch allerdings, auf der Sigmund Freuds Patienten lagen, ist hier nicht zu sehen. Achtung: Neueröffnung wegen Umbau und Sanierung voraussichtlich im Mai 2020, bis dahin gibt es ein Ersatzquartier in der Berggasse 13. *Tgl. 10–18 Uhr | Eintritt 12 Euro | Berggasse 19 | Straßenbahn D, 37, 38, 40–42, Bus 40 A Berggasse | 45 Min. | J6*

56 STRUDLHOFSTIEGE
Die elegante Stiegenanlage, die mit ihren Treppen und Rampen einen

Steilhang zwischen Währinger Straße und Palais Liechtenstein überwindet, errang durch den gleichnamigen Roman Heimito von Doderers literarischen Ruhm. Die „terrassenförmige Bühne dramatischen Lebens", wie Doderer das exquisite, von schmiedeeisernen Jugendstilkandelabern geschmückte Bauwerk nannte, entstand 1910 nach Plänen von Johann Theodor Jäger. *Strudlhofgasse 8 | nahe Liechtensteinstr. | Straßenbahn D, Bus 40 A Bauernfeldplatz | J6*

57 SCHUBERT-GEBURTSHAUS

In diesem typischen Altwiener Vorstadthaus wurde am 31. Januar 1797 der Komponist Franz Schubert geboren. Neben biografischen Dokumenten und Porträts des Musikers ist auch seine berühmte Brille zu sehen. Der Erinnerungsstätte angeschlossen ist ein Adalbert-Stifter-Gedenkraum. *Di–So 10–13 und 14–18 Uhr | Eintritt 5 Euro | Nussdorfer Str. 54 | Straßenbahn 37, 38 Canisiusgasse | 30 Min. | H–J5*

MARIAHILF, MARGARETEN & WIEDEN

Hier findest du das szenige Wien: beiderseits des Wien-Flusses, im Einzugsbereich von Floh- und Naschmarkt.

Die engen, teilweise recht abschüssigen Gassen von Mariahilf, dem „Sechsten", sind gesäumt von Künstlercafés, Szenebars und unkonventionellen Läden. Gleiches gilt für die beiden südlich angrenzenden Bezirke, insbesondere die Gegend zwischen Pilgram- und Kettenbrückengasse sowie das östlich benachbarte Freihausviertel. Ein Bummel über den Naschmarkt, den „Bauch von Wien", erweist sich als eine Wallfahrt der Sinne. Mainstreamshopper finden auf der Mariahilfer Straße, Wiens bestsortierter Einkaufsmeile, ihr Eldorado. Sightseeing-Highlights sind aber dünn ge-

Scannen & Auswählen
WIE-21-027

sät. Wichtigste Ausnahmen: An der Linken Wienzeile hat Jugendstilarchitekt Otto Wagner zwei wunderschöne Häuser hinterlassen. Ein Stück weiter steht das geschichtsträchtige Theater an der Wien, auf dem Karlsplatz die gleichnamige Barockkirche.

58 MARIAHILFER STRASSE

Um keine andere Straße in Wien wurde mehr gestritten als um diese: 2014 wurde die Mahü, wie sie die Einheimischen nennen, unter heftigem Protest zur Fußgängerzone umgebaut. Auch wenn die Kaufleute ein Geschäftesterben prophezeit hatten, floriert die Straße: Neben den vielen Shops poppt ein Lokal nach dem anderen auf. Für die Kinder gibt es in der Fußgängerzone viele Spielgelegenheiten, damit sich ihre Eltern zwischendrin vom Einkaufsbummel ausruhen können. *Straßenbahn 52, 60, 6, 9, 18, Bus 13 A, 14 A, 2 A Zieglergasse und Neubaugasse | U 3, 6 Westbahnhof | U 2, 3 Volkstheater | U 2 Museumsquartier | H-J 9–10*

59 HOFMOBILIENDEPOT MÖBEL-MUSEUM WIEN

Kaiserin Sisi lagerte hier ihre Schminktische, Gemahl Franzl die Kleiderschränke aus seinem Jagdhaus. Das Hofmobiliendeport war ursprünglich das Möbellager der Habsburger und ist über die letzten Jahrhunderte zu einer der größten Möbelsammlungen der Welt angewachsen. Anhand von insgesamt 165 000 Objekten wird im Möbel-Museum Wien der Wandel der Einrichtungsstile illustriert. Die Spannbreite reicht vom Biedermeier über den Historismus und die Wiener Moderne bis hin zu zeitgenössischem Möbeldesign. *Di–So 10–18 Uhr | Eintritt 9,50 Euro | Andreasgasse 7/Mariahilfer Straße 88 | hofmobiliendepot.at | U 3 Neubaugasse | ab 2 Std. | H10*

60 HAUS DES MEERES

Die Hammerhaie sind im Vergleich zu ihren Artgenossen in freier Wildbahn zwar eher kleine Fische, aber trotzdem die große Attraktion des Hauses. Im ehemaligen Flakturm, wo die Bevölkerung während der NS-Zeit Schutz suchte, krabbeln und schwimmen heute die Bewohner von Seen und Meeren. Krokodile, Schlangen und Affen gibt es auch! Der Ausblick vom Café auf dem Dach über die Straßen von Wien ist phantastisch. *Tgl. 9–18, Do bis 21 Uhr | Eintritt 18,90 Euro, Kinder (3–5 J.) 8,60 Euro, 6–15 J. 5,70 Euro | Fritz-Grünbaum-Platz 1 | haus-des-meeres.at | U 3 Neubaugasse | Bus 13 A, 14 A Haus des Meeres | ab 2 Std. | J10*

61 MAJOLIKAHAUS

Ein Augenschmaus für alle Jugendstil-Liebhaber: das vom bedeutenden österreichischen Architekten Otto Wagner geschaffene Mietshaus mit seiner Fassade aus wetterfesten Keramikfliesen, auf denen sich farbenfrohe Pflanzenornamente ranken. Das mit filigranem Golddekor überzogene Eckhaus rechts daneben ist ebenfalls ein Entwurf von Wagner. Dessen Frauenmedaillons stammen von Kolo Moser, dem Mitbegründer der Secession und der Wiener Werkstätten. *Linke*

Himmelwärts: Ein Lift katapultiert dich auf die Plattform mit Blick aufs Kuppelfresko

Wienzeile 38/40 | U 4 Kettenbrückengasse | J10

62 DRITTE-MANN-MUSEUM

Auf den Spuren von Orson Welles geht es nahe dem Karlsplatz hinab in die Wiener Unterwelt. Dort unten in der Kanalisation wurde „Der Dritte Mann" (Regie: Carol Reed) gedreht. Für Filmfans, die sich oberirdisch wohler fühlen, hält das Museum mehr als 2300 Originalmemorabilia rund um den 1948 in Wien gedrehten Kinoklassiker sowie umfassende Hintergrundinfos über das Nachkriegswien bereit. Du kennst den „Dritten Mann" noch nicht? Das Burgkino am Opernring zeigt den Schwarzweißthriller jeden Dienstag, Freitag und Sonntag in der englischen Originalfassung. *Museum Sa 14–18 Uhr, Führungen durch die Kanalisation nach Voranmeldung Mai–Okt. Do–So 10–20 Uhr (drittemanntour.at) | Museum Eintritt 8,90 Euro, Führung 10 Euro | Pressgasse 25 | 3mpc.net | Bus 59 A Pressgasse | U 4 Kettenbrückengasse | 1 Std. | K10*

INSIDER-TIPP
Mörder, Mörder!

63 FREIHAUSVIERTEL

Rund um die Schleifmühlgasse hat sich ein Szeneviertel ersten Ranges etabliert – mit Galerien und einer Vielzahl an schicken Lokalen und Geschäften, die teilweise bis spätabends zum Flanieren und Shoppen einladen. *U 4 Kettenbrückengasse | U 1 Taubstummengasse | K10*

64 KARLSKIRCHE

Die Verzweiflung war so groß, dass Kaiser Karl demjenigen, der dem Schrecken ein Ende bereitet, eine Kirche versprach. 1713 raffte die Pest mehr als 8000 Wiener dahin. Den Zu-

Scannen & Auswählen
WIE-21-028

schlag erhielt der zuständige Heilige Karl Borromäus. Ihm wurde der Votivbau von Johann Bernhard Fischer von Erlach am Karlsplatz gewidmet. Die Kirche gilt heute als eines der Hauptwerke des europäischen Barock. Ein Panoramalift führt auf eine 32 m hohe Plattform. Von dort oben kannst du das riesige Kuppelfresko aus der Nähe betrachten. Im Sommer werden am Platz vor der Kirche Konzerte, Festivals und Open-Air-Filme gezeigt. *Mo–Sa 9–18, So 12–19 Uhr | Eintritt inkl. Kuppellift 8 Euro | Karlsplatz | karlskirche.at | Straßenbahn D, 71, U 1, 2, 4 Karlsplatz/Oper | L9*

Glücksrad für zehn Minuten: Riesenrad im Prater

LEOPOLDSTADT & LANDSTRASSE

Im Frühling, wenn im Prater, wie das berühmte Lied besagt, „wieder die Bäume blüh'n", zieht es Jung und Alt zum Spazierengehen und Sporttreiben auf die Hauptallee und in die Praterauen.

Als Publikumsmagnete wirken zudem in der *Leopoldstadt* das Riesenrad und, ihm zu Füßen, der beliebte Volks- alias Wurstelprater. Auch das Gassengeflecht zwischen Nestroyplatz und Karmelitermarkt, bis zum Ausbruch des Naziterrors traditionell die Heimat der Wiener Juden, erfährt in letzter Zeit wieder eine merkliche Wiederbelebung.

Jenseits des Donaukanals liegt der Dritte Bezirk, genannt Landstraße. Von seiner prächtigsten Seite zeigt er sich im und rund um das Belvedere. Auch im angrenzenden Wohn- und Botschaftsviertel gibt er sich ziemlich nobel, rund um den Rochusmarkt und entlang der Landstraßer Hauptstraße hingegen deutlich populärer. In Citynähe ballen sich Amts- und Verwaltungsgebäude, hier sind aber auch Kulturstätten wie die Musikhochschule, das Konzerthaus und das Akademietheater zu Hause.

65 PRATER ★

Diese fast 15 km lange, von Altwasserarmen durchzogene Wald- und Wiesenlandschaft nahmen die Wiener

schon 1766 als Erholungsgebiet in Beschlag, nachdem Joseph II. das kaiserliche Jagdgebiet allgemein zugänglich gemacht hatte. Bis heute bildet der Prater eine der großen grünen Lungen der Stadt – vor allem mit Rad- und Spazierwegen, aber auch mit Tennisplätzen, Golfplatz, Trab- und Galopprennbahn sowie Rad- und Fußballstadion.

Im westlichen, stadtnahen Bereich entstand schon im frühen 19. Jh. ein Sammelsurium von Vergnügungsstätten und Gasthäusern, der sogenannte Volks- oder Wurstelprater. Am Rande, etwas versteckt, steht ein kugelförmiges Häuschen mit skurriler Geschichte: Der Künstler Edwin Lipburger ernannte sein Atelier 1976 zur eigenständigen Republik „Kugelmugel". Er hatte es ohne Baugenehmigung errichtet und widersetzte sich jahrelang den Behörden. Am Ende musste er für zehn Wochen ins Gefängnis, das Kunstprojekt Kugelmugel wurde später in den Prater verlegt.

INSIDER-TIPP
Achtung, Staatsgrenze!

Scannen & Auswählen
WIE-21-029

Im Wurstelprater ist heute noch ein Rest von nostalgischem Flair zu spüren: in altmodischen Geisterbahnen und Lachkabinetten, an Schießbuden und in Biergärten. Dazwischen haben sich neonblinkende Hightech-Schleudern breitgemacht. Zu den „Pflichten" jedes Stadtbesuchers zählt die gut zehnminütige Fahrt mit dem *Riesenrad (tgl. Nov.–Feb. 10–19.45 Uhr, März–April, Okt. und Adventszeit 10–21.45 Uhr, Mitte April–Aug. 9–23.45 Uhr, Sept. 9–22.45 Uhr | Ticket 12 Euro | wienerriesenrad.com | N6)*, einer 1896/97 errichteten, 67 m hohen Eisenkonstruktion, die als eines der Wiener Wahrzeichen gilt und als Kulisse in Carol Reeds Nachkriegsthriller „Der dritte Mann" weltberühmt wurde. Unweit des Riesenrads hat die *Liliputbahn*, eine 4 km lange Schmalspurbahn, ihre Abfahrtsstelle. Daneben bietet ein *Planetarium (Tel. 01 891 74 150 000)* Exkursionen in den Sternenhimmel. Am Nordrand des Praters erstreckt sich der weitläufige, autofreie Campus der Wirtschaftsuniversität (WU) Wien – mit spannender Architektur. Herzstück ist das futuristische *Library & Learning Center*, entworfen von Stararchitektin Zaha Hadid. *Wurstelprater | prater.at | Straßenbahn O, 1, 5, S-Bahn 1, 3, 7, 15, U 1, 2 Praterstern | N–S 6–11*

66 KUNST HAUS WIEN

In kunterbuntem Ambiente: Permanent sind Werke von Friedensreich Hundertwasser zu sehen, dazu kommen Wechselausstellungen renommierter Künstler. *Tgl. 10–18 Uhr | Eintritt 12 Euro | Untere Weißgerberstr. 13 | kunsthauswien.com | Straßenbahn 1, O Radetzkyplatz | 1–2 Std. | N7*

67 HUNDERTWASSERHAUS

Die kommunale Wohnanlage zählt zu den Kreationen des Malers Friedens-

Ich bau mir ein Schloss: Im Oberen Belvedere empfing Prinz Eugen seine Gäste

reich Hundertwasser (und ist zunächst in Kooperation mit dem Architekten Josef Krawina entstanden), der sich allen Regeln der Symmetrie und Rechtwinkeligkeit widersetzte. Auf Dächern und Balkonen wachsen Büsche und Bäume, Wände und Böden sind vielfach gekrümmt, die Fassaden kunterbunt bemalt. Aus Rücksicht auf die Bewohner ist das Haus meist nur von außen zu besichtigen *(Kegelgasse 34–38/Löwengasse | Straßenbahn 1 Hetzgasse).* Besuchern zugänglich ist aber Hundertwassers *Toilet of Modern Art* in der Einkaufspassage *Kalke Village (Kegelgasse 37–39).*

INSIDER-TIPP
Da ist Müll in der Kunst

Bist du Hundertwasser-Liebhaber? Dann solltest du mit der U 6 nach Spittelau fahren. Direkt an der gleichnamigen Station steht eine vom Künstler entworfene Müllverbrennungsanlage. *N8*

68 FÄLSCHERMUSEUM

Europaweit einzigartig ist dieses Museum. Es bietet kuriose Hintergrundinformationen rund um die kriminellen Seiten von Malerei und Kunsthandel. In diesem Zusammenhang werden über 60 Fälschungen und Kopien von Werken großer Meister gezeigt. Sehr unterhaltsam! *Di–So 10–17 Uhr | Eintritt 6 Euro | Löwengasse 28 | faelschermuseum.com | Straßenbahn 1 Hetzgasse | 1 Std. | N8*

69 RUSSISCH-ORTHODOXE KATHEDRALE

Als Bauwerk sticht sie schon von weitem heraus: die russische Nikolaus-Kathedrale mit ihren fünf goldenen Kuppeln und den bunten Schindeln aus dem Jahr 1899. Fresken- und Ikonenzyklen, wie die Lebensstationen des Heiligen Nikolaus, zieren die Innenräume, die von den Farben Himmelblau und Gold dominiert werden. *Mo–Fr 10–14, Sa 10–17 Uhr | Jaurèsgasse 2 | nikolsobor.org | Schnellbahn Rennweg | Straßenbahn O Ungargasse/Neulinggasse | U 4 Stadtpark | M9*

70 BELVEDERE ★

Ein Muss für jeden Besucher ist das ehemalige Sommerschloss von Prinz Eugen. Die weitläufige, aus zwei Palästen bestehende Anlage gilt nicht nur als Meisterwerk des Johann Lukas von Hildebrandt, sondern als eine der grandiosesten Barockschöpfungen überhaupt.

Das auf einer Anhöhe thronende *Obere Belvedere* (1721–23), dem ganz Wien gleichsam zu Füßen liegt, schuf sich der Feldherr und Türkenbezwinger aus Savoyen bloß zum Repräsentieren. Der lang gestreckte, meisterhaft gegliederte Bau beherbergt in seinen kostbar ausgestatteten Räumlichkeiten heute eine Galerie für österreichische Kunst. Im Vordergrund stehen heimische Klassiker vom Biedermeier (Ferdinand Georg Waldmüller, Rudolf von Alt) über Spätromantik und Gründerzeit (Leopold Kupelwieser, Hans Makart) bis hin zum Jugendstil, Expressionismus und zur Nachkriegszeit (Egon Schiele, Oskar Kokoschka). Darüber hinaus sind Spitzenwerke internationaler Künstler zu sehen, u. a. von Caspar David Friedrich,

Claude Monet, Vincent van Gogh, Emil Nolde und Edvard Munch. Publikumsmagnet ist Gustav Klimt, vor allem dessen Gemälde „Der Kuss", ein bedeutendes Werk des Jugendstils. Aber auch die *Sammlung Barock* sowie Meisterwerke des Mittelalters haben hier ihren Platz. Gewohnt hat der „edle Ritter" im *Unteren Belvedere* (1714–16), einem nur unwesentlich bescheideneren Bau, der gleichfalls einen mit Fresken und Stuckwerk üppig verzierten Marmorsaal, einen Spiegelsaal und eine Prunkgalerie besitzt. In der angrenzenden *Orangerie* werden temporäre Ausstellungen von klassisch-moderner oder zeitgenössischer Kunst präsentiert, im nahe gelegenen Prunkstall dauerhaft weitere Werke des Mittelalters. Zwischen den Schlössern erstreckt sich ein 500 m langer Garten, der im ursprünglichen Barockstil rekonstruiert wurde. *Oberes Belvedere tgl. 9–18, Fr bis21 Uhr, Unteres Belvedere tgl. 10–18, Fr bis 21 Uhr; Garten tgl. 6.30–17.30, Sommer bis 21 Uhr | Eintritt Oberes Belvedere 16 Euro, Unteres Belvedere 14 Euro, Kombiticket 25 Euro | belvedere.at | Oberes Belvedere: Prinz-Eugen-Str. 27 | Unteres Belvedere: Rennweg 6a | Oberes Belvedere: Straßenbahn D, 18 Schloss Belvedere | Unteres Belvedere: Straßenbahn 71 Unteres Belvedere | ⏲ ab 2 Std. | 🕮 M10*

71 BELVEDERE 21

Das Museum für zeitgenössische Kunst im architektonisch kostbaren Pavillonbau aus den späten 1950er-Jahren bietet – in Sichtweite von Wiens neuem Hauptbahnhof – spannende Begegnungen mit österreichischer Kunst (1945 bis heute) im internationalen Kontext. *Mi, Fr 11–21, Do, Sa, So 11–18 Uhr | Eintritt 8 Euro | Arsenalstr. 1 | Schweizergarten | belvedere21.at | Straßenbahn D, 18, 0 Quartier Belvedere | ⏲ 1 Std. | 🕮 M11*

72 HEERESGESCHICHTLICHES MUSEUM ★

Ein museales Juwel für alle historisch Interessierten: In dem Prachtkomplex im maurisch-neogotischen Stil wird die bewegte Geschichte der habsburgischen Armee und Kriegsmarine gezeigt. Sowohl der Dreißigjährige, der Türken- und der Erste Weltkrieg als auch die republikanischen Zeiten werden umfangreich dokumentiert. Wirklich faszinierend! *Tgl. 9–17 Uhr | Eintritt 6 Euro | Arsenal 1 | hgm.at | Straßenbahn D, 18, 0 Quartier Belvedere | ⏲ 1 Std. | 🕮 N11–12*

AUSSERDEM SEHENSWERT

73 LAINZER TIERGARTEN

1250 km² groß ist der in zahlreichen Liedern, Gedichten und mit Walzermelodien gepriesene berühmte Wienerwald, der die Metropole im Westen halbkreisförmig umschließt. Ein 25 km² großer Teil davon ist der Lainzer Tiergarten, wo man bei freiem Eintritt Wildtieren – von Wildschweinen über Rehen bis hin zu Karpfen – begegnen kann. Ein 80 km langes Netz markierter Wege und etliche Jausen-

stationen laden zu ausgedehnten Wanderungen *(Feb.–Nov. tgl. 8 Uhr bis Einbruch der Dunkelheit)* ein. Wunderschön ist der Ausblick von der *Hubertuswarte*, größte Attraktion die *Hermesvilla (Mitte April–Anf. Nov. Di–So 10–18 Uhr | Eintritt 7 Euro | wienmuseum.at | U 4 Hietzing, dann Straßenbahn 60, 62 ab Haltestelle Hermesstraße | Bus 60 B)*, ein 1882–86 errichtetes Jagdschlösschen, das heute dem Historischen Museum der Stadt Wien für Sonderausstellungen dient. | *Hietzing* | *0*

74 OTTO-WAGNER-KIRCHE

Das war's dann mit den lukrativen Aufträgen für den Architekten Otto Wagner. Der traditionsbewusste Erzherzog Franz Ferdinand war sowieso nie ein Fan des Jugendstils, aber die 1907 vollendete Kirche aus weißem Carraramarmor, gekrönt von goldenen Engeln und byzantinisch angehauchter goldener Kuppel, in der es eine Toilette, ein Arztzimmer und Notausgänge gab, war ihm des Guten zu viel. Heute gilt das offiziell Kirche am Steinhof oder Kirche zum heiligen Leopold genannte Gotteshaus, das inmitten einer psychiatrischen Anstalt steht, zu Recht als einer der schönsten Bauten dieser Epoche. Davon abgesehen ist die herrliche Umgebung bestens geeignet für einen Spaziergang auf den nahe gelegenen Steinhofgründen. *Sa 16–17, So 12–16 Uhr | Eintritt 5 Euro | Führungen Sa 15, So 16 Uhr 12 Euro | Baumgartner Höhe 1 | wienkav.at/ows | U 4 Unter St. Veit, dann Bus 47 A oder 48 A Psychiatrisches Zentrum* | *Penzing* | *A9*

Zum Weinen schön: Mitten in den Weinbergen liegen die Heurigen in Neustift am Walde

75 NEUSTIFT AM WALDE ★

Wien hat wirklich keinen Mangel an Heurigengegenden. Sie erstrecken sich von Mauer an der südlichen Stadtgrenze über Sievering, Heiligenstadt, Nuss- und Pötzleinsdorf bis nach Jedlers-, Strebers- und Stammersdorf jenseits der Donau. Die Chance, dass man als Tourist einen ziemlichen Fusel zu hohen Preisen aufgetischt bekommt, ist leider nicht gerade gering – etwa wenn man in einem der angeblich „urigen" Heurigen in Grinzing einkehrt, wo ganze Touristenbusse hingekarrt und abgefertigt werden. In Neustift am Walde erlebt man so etwas zum Glück kaum. Hier finden sich noch etliche kleine Familienbetriebe, die malerisch in den Weinbergen liegen und wirklich etwas Besonderes zu bieten haben. Zu den schönsten Heurigen gehört der *Weinhof Zimmermann* (s. S. 74), der *Fuhrgassl-Huber (Neustift am Walde 68)* und der *Zeiler am Hauerweg (Rathstr. 31). Bus 35 A Agnesgasse | U 6 Nussdorf | Döbling | C2*

76 SCHLOSS SCHÖNBRUNN ★

Die Sommerresidenz der Habsburger, auch „Österreichs Versailles" genannt, ist neben Stephansdom und Belvedere Wiens Hauptattraktion. Die Anlage, die trotz aller Pracht keineswegs protzig-pompös, sondern liebenswürdig und anmutig wirkt, geht auf einen bürgerlichen Herrensitz zurück, den Kaiser Maximilian II. 1559 kaufte und zu einem Jagdschloss ausbaute. Nach dessen Zerstörung durch die Türken 1683 entstand nach Plänen Johann Bernhard Fischer von Erlachs der Bau in seinen heutigen Grundformen mit den beiden Seitenflügeln, dem weiten, zur Straße gerichteten Ehrenhof und der Freitreppe an der Gartenfront.

Zum strahlenden Mittelpunkt der Monarchie wurde Schönbrunn erst unter Kaiserin Maria Theresia, die hier mit Franz I. Stephan von Lothringen und ihren 16 Kindern lebte. Auf ihr Geheiß gestaltete der junge Architekt Nicolaus Pacassi das Schloss in den Jahren 1744–49 dem damaligen spätbarocken Stilempfinden gemäß um, verpasste ihm ein weiteres Geschoss sowie zahlreiche zusätzliche Balkone und Treppen, schuf im Mitteltrakt eine Durchfahrtshalle und baute das entzückende barocke Schlosstheater. In den Wohn- und Repräsentationsräumen hielt der neue, elegant verspielte Rokokostil Einzug.

Von den insgesamt über 1400 Räumen sind die knapp 40 schönsten im Rahmen von Führungen zu besichtigen, darunter die Große Galerie, das Vieux-Laque-Zimmer, das Millionenzimmer, in dessen Täfelung aus Rosenholz 260 persisch-indische Miniaturen eingefügt sind, das Napoleon-Zimmer mit den riesigen Brüsseler Tapisserien, das Chinesische Rundkabinett, in dem Maria Theresia ihre Geheimkonferenzen abhielt, und die spartanisch gehaltenen Wohn- und Arbeitsräume Kaiser Franz Josephs.

In einem Seitentrakt westlich des Ehrenhofs ist die *Wagenburg (Mai–Okt. tgl. 9–17 Uhr, Nov.–April tgl. 10–16 Uhr | Eintritt 9,50 Euro)* mit ihrer einzigartigen Sammlung von 60 Prunkwagen untergebracht sowie die Erlebnisschau für Kinder im Haupttrakt. Keinesfalls versäumen solltest du einen Rundgang durch den wunderschönen *Schlosspark (tgl. 6.30 Uhr bis Einbruch der Dunkelheit | Eintritt frei)* mit riesigem *Palmenhaus*, *Heckenirrgarten* sowie Wiens *Tiergarten (tgl. Nov.–Jan. 9–16.30 Uhr, Feb. 9–17 Uhr, März/Okt. 9–17.30 Uhr, April–Sept. 9–18.30 Uhr | Eintritt 20 Euro, Kinder unter 6 J. gratis, bis 18 J. 10 Euro | zoovienna.at*, ein architektonisches Juwel aus dem Barock, das, 1752 gegründet, als älteste existierende Menagerie der Welt gilt und auch ein eigenes *Wüstenhaus* (vis-à-vis dem Palmenhaus im Park) erhalten hat *(Palmen- und Wüstenhaus tgl. Mai–Sept. 9–18 Uhr, Okt.–April 9–17 Uhr | Eintritt jew. 6 Euro, Kombiticket mit Zoo 26 Euro; Irrgarten tgl. April–Juni und Sept. 9–18, Juli/Aug. 9–19 Uhr, Okt. 9–17 Uhr | Eintritt 6 Euro)*.

Die *Gloriette*, die auf einer Hügelkuppe thront, soll an den 1757 bei Kolin erfochtenen Sieg über die Preußen erinnern und ist wie der Schlosspark gratis zu besichtigen. Der graziöse Bau beherbergt auch ein Café mit Aussichtsterrasse auf dem Dach *(je nach Saison tgl. 9 Uhr bis zum Einbruch der Dunkelheit | Eintritt 4,50 Euro)*. Um die Besichtigung von Schönbrunn stimmungsvoll ausklingen zu lassen, kannst du einem Konzert in der *Orangerie (ganzjährig | Tel. 01 8 12 50 04)* lauschen oder eine Opernaufführung im *Marionettentheater (Tel. 01 8 17 32 47 | marionetten theater.at)* oder im *Schlosstheater* besuchen, das gelegentlich auch Operetten und Sprechtheater zeigt. Im *Kindermuseum* (ab 7 J.) erfährst du vom Schlossgeist Poldi allerlei über den Alltag der Kaiserkinder *(tgl. 10–17 Uhr | Eintritt 9,30 Euro, Kinder 7 Euro | Themenführungen Sa/So und in den Ferien tgl. 10.30, 13.30 und 15 Uhr | kaiserkinder.at).* Im Labyrinthikon neben dem Irrgarten im Park gibt es diverse originelle Spiele. Wer Wartezeiten vermeiden will, kann Tickets auch online *(imperial-austria.at)* kaufen. Es gibt diverse Kombitickets vom Schönbrunn Classic Pass *(26,50 Euro)* bis zum Family Pass *(49,90 Euro). Schauräume tgl. April–Juni, Sept./Okt. 8.30–17.30 Uhr, Juli/Aug. 8.30–18.30 Uhr, Nov.–März 8.30–17 Uhr | Eintritt Grand Tour (40 Räume) 17,50 Euro, mit Führung 20,50 Euro, Imperial Tour (22 Räume) 14,20 Euro | schoenbrunn.at | Haupteingang Schönbrunner, Zugang auch durchs Hietzinger Tor, Hietzinger Hauptstr., durch das Meidlinger Tor, Grünbergstr. und beim Eingang Hohenbergstr. | Straßenbahn 10, 60, Bus 10 A, 58 A, U 4 Hietzing und Schönbrunn | ab 2 Std. | Hietzing | D–E12*

77 TECHNISCHES MUSEUM

Potzblitz und Donnerwetter! Im Tesla-Transformator werden Blitze erzeugt, die dann auch noch Musik machen. Und ein Stockwerk darunter heißt es: Zug fährt ab. Mit mehr als 150 Loks und Waggons geht es dann auf eine Reise in die Geschichte der Eisenbahn. Im Technischen Museum erlebst du, wie Technik unser Leben verändert hat: von Dampfloks und Flugzeugen über Rennautos und Roboter. Highlights für Kinder sind das Schaubergwerk und eigene Erlebnisbereiche sowie Workshops.

INSIDER-TIPP Kleiner Mann am Mond

Sogar schon Zweijährige können eine Mondlandschaft bauen oder eine Rakete steigen lassen. *Mo–Fr 9–18, Sa/So 10–18 Uhr | Eintritt 14 Euro, unter 19 Jahren frei, Familienführungen 3,50 Euro zusätzlich | Mariahilfer Str. 212 | tmw.at | Straßenbahn 52, 60 Winckelmannstraße, U 4 Schönbrunn | U 3 Johnstraße | 1–2 Std. | Penzing | E11*

78 SETAGAYAPARK

Japan-Feeling in Wien: Wasserfälle, Steinformationen und ein Bambustor erwarten dich im 5 km² großen Japanischen Garten im Norden Wiens. Dort kannst du herrlich entspannen. Im Frühling blühen die Kirschblüten, Magnolien und Bambus säumen die Wege zum Teehaus. Es lohnt sich, nach einem Streifzug durch den Park die beindruckenden Wienerwald-Villen der Gegend zu erkunden. *April/Sept. tgl. 7–20 Uhr, Okt. 7–19 Uhr, Mai–Aug. 7–21 Uhr | Hohe Warte 8 | Straßenbahn 37 Barawitzkagasse | Döbling | H–J2*

79 BEETHOVEN MUSEUM

In Heiligenstadt arbeitete Ludwig van Beethoven u. a. an der „Sturm"-Sonate sowie ersten Skizzen zur späteren 3. Symphonie („Eroica"). 1802 verfasste er dort auch seinen berühmten letzten Willen, in dem er seine Angst vor dem Ertauben eingestand. *Di–So 10–13 und 14–18 Uhr | Eintritt 7 Euro | Probusgasse 6 | Straßenbahn 37, Bus 38 A Armbrustergasse | 45 Min. | Heiligenstadt | H1*

80 KARL-MARX-HOF

In der Nähe des Donaukanals zeugen Gemeindebauburgen eindrucksvoll von der Blüte des „Roten Wien" in den 1920er-Jahren. Ein Musterbeispiel für die wegweisenden sozialen Wohnbauten, mit deren Hilfe Wiens sozialdemokratische Stadtregierung damals die Wohnmisere der Arbeiterklasse nachhaltig lindern konnte, ist der Karl-Marx-Hof. Der zwischen 1927 und 1930 nach Plänen des österreichischen Architekten Karl Ehn entstandene Block umfasst rund 1600 Wohneinheiten. Die Dauerausstellung im sogenannten Waschsalon Nr. 2 *(Do 13–18, So 12–16 Uhr | Eintritt 5 Euro | Halteraugasse 7 | dasrotewien-waschsalon.at)* über die fortschrittliche Wiener Kommunalpolitik der 1920er- und frühen 1930er-Jahre ist einen Besuch wert. *Heiligenstädter Str. 82–92/12.-Februar-Platz | Straßenbahn D, Bus 10 A, 11 A, 39 A 12.-Februar-Platz | U 4 Heiligenstadt | ab 1 Std. | Heiligenstadt | J1–2*

Schleudert sie gleich den Diskus? Skulptur am Karl-Marx-Hof

81 DONAUINSEL

Die Wiener lieben ihre Insel. Eigentlich war der bis zu 250 m breite und 21 km lange Streifen zwischen Hauptstrom und Entlastungsrinne der Donau als Hochwasserschutz gedacht. Er wurde aber schnell von den Wienern okkupiert und ist heute eins der beliebtesten Naherholungsgebiete der Stadt, wo gesportelt, gegrillt und (nackt) gebadet wird. Zwischen Neuer und Alter Donau, ein Stück westlich der Uno-City, ragt der 252 m hohe *Donauturm (O2–3)* in den Himmel. Er entstand gemeinsam mit dem ihn umgebenden Donaupark 1964 anlässlich der Internationalen Gartenschau. Von seinem Drehrestaurant aus hast du einen super Blick über Wien. Von der Plattform wird von April bis Oktober Bungeejumping angeboten *(Tel. 08 20 22 02 11 | jochen-schweizer.at). Bus 20 B Donauturm | Donaustadt | L1–S8*

82 SANKT MARX

Der Tod muss ein Wiener sein, heißt es. Vielfach wird er in Wiener Liedern besungen und in Sprichwörtern hinaufbeschworen. Spaziergänge am Friedhof sind Balsam für die Wiener Seele. Und der schönste aller Friedhöfe ist die wild bewachsene Ruhestätte in St. Marx, wo sich halb verfallene Grabsteine alter k. u. k.-Familien aneinanderreihen. Melancholisch-romantisch. *Tgl. April–Sept. 6.30–20 Uhr,*

Okt.–März 6.30–18.30 Uhr | Leberstr. 6–8 | Straßenbahn 71 Leberstraße | Landstraße | 011–12

83 BÖHMISCHER PRATER

Den Pferden fehlt manchmal ein Stück von der Nase, und die Schwäne bleiben manchmal ewig auf dem kleinen See. Keine Angst, die Tiere sind aus Plastik. Der „kleine Bruder" des Wiener Praters am Stadtrand ist ein Vergnügungspark aus vergangenen Zeiten. Wenige, in die Jahre gekommene Attraktionen wie Kettenkarussell und Riesenrad, ein paar Gasthäuser und ein ruhiger Wald rundherum – das war's, aber mehr braucht man nicht, und es ist wunderschön hier. Mit öffentlichen Verkehrsmitteln allerdings sehr schwer erreichbar. *März–Okt. ca. 10–21 Uhr (je nach Wetter) | Laaer Wald 216 | böhmischerprater.at | U 1 Reumannplatz, dann Bus 68 A Urselbrunnengasse, danach zehnminütiger Fußmarsch | Favoriten | 0*

84 ZENTRALFRIEDHOF

Über 3 Mio. Menschen haben auf dem 2,4 km² großen Friedhof seit seiner Eröffnung 1874 ihre letzte Ruhe gefunden. Kulturhistorisch interessant ist vor allem der Bereich der Ehrengräber. Dort liegen zahlreiche Geistesgrößen bestattet – von Franz Schubert bis Franz Werfel und Helmut Qualtinger. In der weitläufigen und stimmungsvollen israelitischen Abteilung ruhen Arthur Schnitzler und Karl Kraus. Sehenswert ist auch die vom Haupttor (Tor 2) aus erreichbare Friedhofskirche zum heiligen Karl Borromäus („Luegerkirche"), ein wuchtiges Werk des Sezessionismus. Einen genauen Friedhofsplan bekommst du am Haupttor. Aufschlussreiche Einblicke in das recht spezielle Verhältnis der Wiener zum Tod vermittelt zudem das unter der Aufbahrungshalle 2 eingerichtete *Bestattungsmuseum (Mo–Fr 9–16.30 Uhr, März–Okt. auch Sa 10–17.30 Uhr | Eintritt 6 Euro | bestattungsmuseum.at)*. Der Zentralfriedhof ist aber auch ein großer Flecken Natur, in dem sich Wildtiere wohlfühlen. Du entdeckst sie am ehesten am dicht bewachsenden jüdischen Friedhof mit seinen teils mehr als 100 Jahre alten Gräbern.

INSIDER-TIPP
Oh, ein Hirsch!

Nov.–Feb. 8–17 Uhr, März, April, Sept. und Okt. 7–18 Uhr, Mai–Aug. 7–19 Uhr | Simmeringer Hauptstr. 232–244 | Straßenbahn 71 Zentralfriedhof 2. Tor | Simmering | 0

AUSFLÜGE

85 NATIONALPARK DONAU-AUEN

30 km vom Praterstern/
1,5 Std. (U-Bahn und Postbus)

Hier ist es so artenreich wie im Urwald: 100 brütende Vogelarten vom Eisvogel bis zum Flussregenpfeifer teilen sich den Nationalpark Donauauen mit 30 Säugetierarten, zehn Reptilien- und 60 Fischarten. Das 90 km² große Gebiet entlang des ehemaligen Eisernen Vorhangs im Grenzgebiet zu Tschechien und der Slowakei ist eine der letzten großen unverbauten Flussauen in Mitteleuropa. Du kannst dort wunderbar spazieren gehen, Rad fahren und die Natur genießen. Als „Tor zur Au" fungiert das Nationalparkzentrum in Orth an der Donau. *donauauen.at | per Auto: ab Stadtgrenze, Knoten Stadlau B 3 über Groß-Enzersdorf nach Orth; per Bus: ÖBB-Postbus 391 mehrmals tgl. ab U 2 Aspernstraße nach Orth bzw. Stopfenreuth (Fahrtdauer ca. 1 Std.) | 0*

86 STIFT KLOSTERNEUBURG

9 km von Heiligenstadt/15 Min. (U-Bahn und Bus)

Der beeindruckende Bau, der mittelalterliche, barocke und historistische Elemente aufweist, befindet sich nördlich von Wien im Bundesland Niederösterreich. Er ist Heimat der Augustiner Chorherren und ein wichtiges Zentrum des katholischen Glaubens. Als Markgraf Leopold III. seine Agnes heiratete, wehte ihr Hochzeitsschleier fort – und dort, wo Leopold ihn fand, soll er im 12. Jh. das Stift gegründet haben, so besagt es die Legende.

Besucher können durch die riesige Anlage schlendern, das angrenzende Wein- und Obstgut erkunden und in der Schatzkammer den mit Smaragden besetzten Erzherzogshut bewundern. Das Stift bietet 60- bis 90-minütige Führungen an. Auch ein Abstecher in den Weinkeller ist möglich, inklusive Verkostung in einem Kellergewölbe aus dem 13. Jh. Unregelmäßig finden hochkarätige Konzerte statt, die Termine findest du auf der Website. *Mai–Nov. tgl. 9–18 Uhr, Dez.–April tgl. 10–16 Uhr | Eintritt 9 Euro, Tageskarte inkl. Führungen & Audioguide 12 Euro | stift-klosterneuburg.at | per Auto: auf der B14 Richtung Norden, ca. 10 Min. ab Stadtgrenze; per U-Bahn: U 4 Heiligenstadt, dann Bus 400, 402 Klosterneuburg Stiftsgarten | 2–3 Std. | 0*

An der schönen grünen Donau: Romantiker werden die Flusslandschaft lieben

Scannen & Auswählen
WIE-21-034

ESSEN & TRINKEN

Die Wiener sind Genussmenschen. Nicht umsonst gibt es auch eine eigene Wiener Küche – und welche Stadt kann das sonst schon von sich behaupten? Die klassischen Wiener Lokale kommen in drei Formen daher: Kaffeehaus, Beisl und Heurigen. Der perfekte Start in den Sightseeing-Tag ist ein Besuch eines altehrwürdigen Wiener Kaffeehauses, wo du frühstücken, in Ruhe Zeitung lesen und das Ambiente genießen kannst.

Später, wenn der Mittagshunger kommt, bietet es sich an, in eins der Beisln der Stadt einzukehren. In diesen Gaststätten wird eher defti-

Goldgelb mit knuspriger Panade: So soll ein Wiener Schnitzel sein

ge Wiener Küche serviert, es gibt Klassiker wie Schnitzel, Knödel, Paprikahähnchen oder gefüllte Krautrouladen zu einem fairen Preis. Wer darauf keine Lust hast, findet neben Balkanlokalen und türkischen Restaurants auch israelische, mexikanische oder vietnamesische – kulinarisch steht Wien anderen Großstädten in nichts nach. Und abends? Geht's in die Bars oder auf zu einem Heurigen an den Stadtrand. Dorthin, wo die Weinreben wachsen, der Wein fließt und dich das Heurigenbuffet mit seinen Aufstrichen und Salaten definitiv satt macht.

WO WIEN ISST

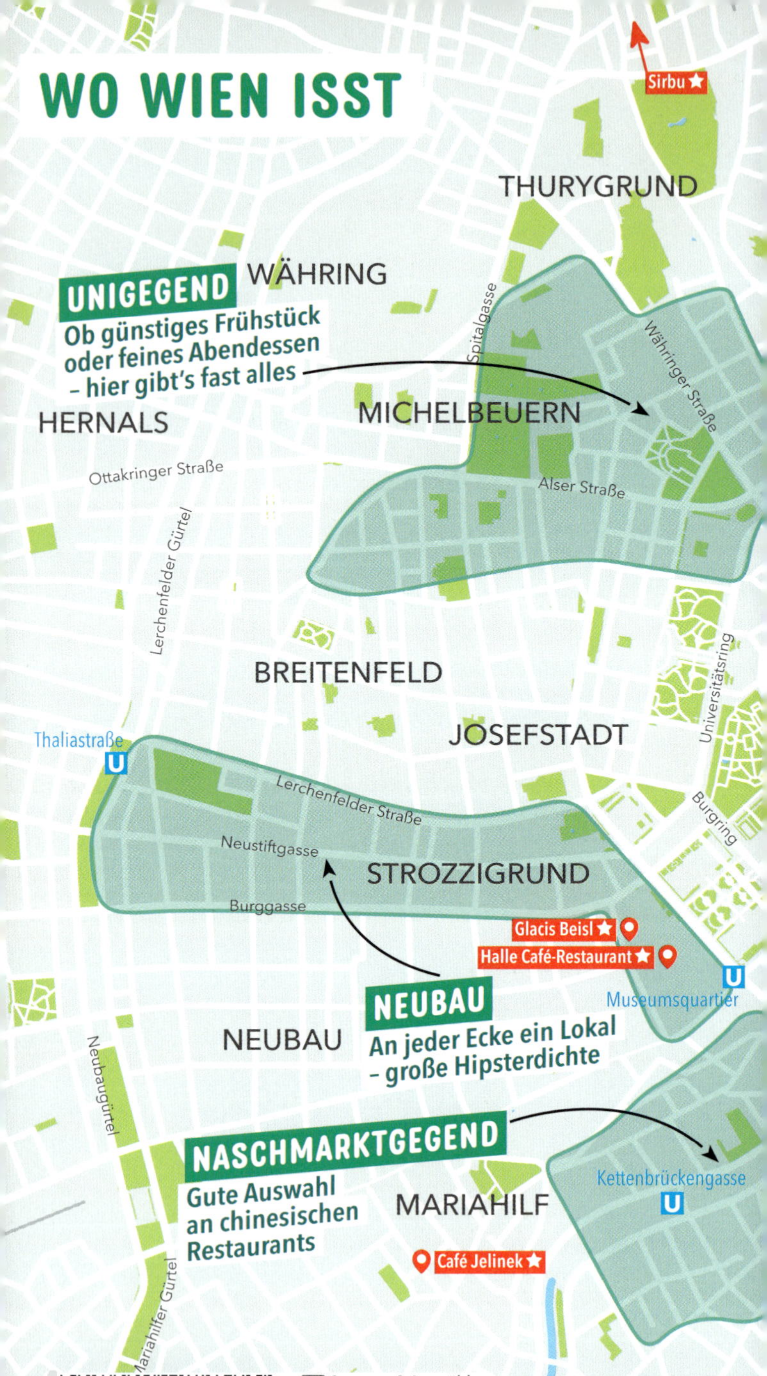

Scannen & Auswählen
WIE-21-036

MARCO POLO HIGHLIGHTS

★ **CAFÉ JELINEK**
Schweigen mit Stil ➤ S. 74

★ **SIRBU**
Klassischer Heuriger mit Panorama ➤ S. 74

★ **CAFÉ CENTRAL**
Prachtcafé, das einst berühmte Literaten inspirierte ➤ S. 74

★ **KLEINES CAFÉ**
Winziges Rauchercafé mit idyllischem Garten ➤ S. 76

★ **GLACIS BEISL**
Eins der besten Schnitzel der Stadt, serviert im hintersten Winkel des Museumsquartiers ➤ S. 79

★ **HALLE CAFÉ-RESTAURANT**
Szenetreffpunkt: trendig, schlicht und schick ➤ S. 76

★ **VOLLPENSION**
Im Szenecafé backen Rentner die Mehlspeisen ➤ S. 78

★ **PLACHUTTA**
Tafelspitz und Co.: Hier wird die Wiener Rindfleischtradition gepflegt ➤ S. 79

★ **EF16**
Hinterhofperle auf Sterneniveau für den mittelgroßen Geldbeutel ➤ S. 80

★ **WRENKH**
Gesund und ziemlich gut: ein Paradies für „eingefleischte" Vegetarier ➤ S. 81

HEURIGEN

CHRIST

Rainer Christ ist dank seiner edlen Tropfen ein Star unter Wiens jungen, innovativen Winzern. Sein 400 Jahre alter Familienbetrieb ist eine Idylle mit schattigem Garten, Vinothek und leckerem Büfett. *In ungeraden Monaten tgl. ab 15 Uhr, Weingut nach tel. Vereinbarung | Amtsstr. 10–14 | Jedlersdorf | Tel. 01 2 92 51 52 | weingut-christ.at | Straßenbahn 31 Großjedlersdorf | Bus 31 A Haspingerplatz | Floridsdorf | 0*

HEURIGER HIRT

Zu den riesigen Fleischknödeln gibt es nach einem kurzen, aber steilen Aufstieg als Beilage einen wunderschönen Blick über das Kahlenbergdorf, die Donau und Wien. *April–Okt. Mi–Fr ab 15, Sa/So ab 12 Uhr, Nov.–März Fr–So ab 12 Uhr | Eiserne Handgasse Parzelle 165 | Tel. 01 3 18 96 41 | heuriger-hirt.at | Bus 238 Kahlenbergdorf | Döbling | 0*

SIRBU ★

Speisen und Getränke zu moderaten Preisen inmitten von Weingärten mit traumhaftem Wienpanorama. *Mitte April–Mitte Okt. Mo–Sa (nur bei Schönwetter) | Kahlenberger Str. 210 | Tel. 01 3 20 59 28 | sirbu.at | Bus 38 A Armbrustergasse, dann zu Fuß (längerer Anstieg) oder per Taxi | Döbling | 0*

WEINHOF ZIMMERMANN

Der Wein im Glas kommt direkt aus den Weingärten, die den urigen Gastgarten auf dem Hügel umgeben. Sehr romantisch! *Mitte März–Ende Okt. Di–Sa ab 15, So ab 13 Uhr | Mitterwurzergasse 20 | Tel. 01 4 40 12 07 | weinhof-zimmermann.at | Bus 35 A Agnesgasse | Döbling | C2*

WEINSTÜBERL HORVATH

Gemütlicher Heurigen mit deftigem Essen in einem entzückenden Viertel. Im Sommer kannst du bei einem Glas Wein schön draußen sitzen und die Stimmung genießen. *Tgl. ab 16 Uhr | Spittelberggasse 3 | U 2, 3 Volkstheater | Neubau | J9*

KAFFEE- & TEEHÄUSER

CAFÉ CENTRAL ★

Das Prachtcafé in venezianisch-neugotischem Stil hat eine lange Tradition. Um die Wende zum 20. Jh. wetzten hier die besten Schriftsteller ihre Federn. Sehr beliebt bei Touristen, daher musst du eventuell auf Einlass warten. *Mo–Sa 7.30–22, So 10–22 Uhr | Herrengasse 14 | cafecentral.wien | Bus 1 A, 2 A, U 3 Herrengasse | Innere Stadt | K8*

CAFÉ JELINEK ★

Etwas verschroben und angestaubt geht es hier zu – aber auch sehr gemütlich und authentisch. Gesprochen wird in diesem klassischen Wiener Kaffeehaus nur im Flüsterton. Denn mit der heiligen Ruhe, die zum Zeitunglesen und Nachdenken nötig ist, nimmt man es äußerst ernst. Auch Kaffee und Kuchen wollen schließlich zelebriert werden. Der Guglhupf ist legendär! *Tgl. 9–22 Uhr | Otto-Bau-*

Wohnzimmer für kalte Tage: Lass dich nieder auf Vintagemöbeln im Café Phil

er-Gasse 5 | U 3 Zieglergasse | Mariahilf | J H10

GREGORS KONDITOREI

Sind Süßspeisen eine vollwertige Mahlzeit? In Gregors Konditorei haben sich die Torten und Kuchen den Titel „echtes Essen" verdient: Die Nusskipferl, buttrigen Croissants und Schokoschnitten sind kalorienreich und raffiniert mit ausschließlich regionalen Produkten gebacken. Auch ein Gedicht: das Frühstück! *Di–Sa 8–19.30, So 10–18 Uhr | Schönbrunnerstr. 42 | Tel. 01 5 44 11 27 | gregors-konditorei.at | U 4 Pilgramgasse | Margareten | J J10*

PHIL

Das Phil ist nicht nur eine gut bestückte Buchhandlung, es ist auch: Café, Miniplattenladen und Wohnzimmer für kalte Tage. Wenn du einen Startpunkt für deine Erkundungstour durch den 6. (Mariahilf) und 7. Bezirk (Neubau) suchst: Hier bist du genau richtig. Stärkung verspricht neben geistiger Nahrung in Form einer anregenden Lekture das „Philgood Frühstück": Joghurt mit Müsli und Früchten, Hummus, Falafel, Antipasti und Gebäck. *Mo 17–1, Di–So 9–1 Uhr | Gumpendorfer Straße 10–12 | Tel. 01 5 81 04 89 | phil.info | U 2 Museumsquartier | U 1, 2, 4 Karlsplatz | Mariahilf | J K9*

INSIDER-TIPP
Energie für Kopf und Körper

HAAS & HAAS

Das traditionsreiche Teehaus ist berühmt für seine Frühstücksvariationen.

Scannen & Auswählen
WIE-21-037

Viel Platz zum Ausbreiten der Zeitung hast du im Café Landtmann

Angeschlossen ist ein Verkaufsraum mit edlen Tees und Zubehör. Wunderschön ist der Innenhof mit komfortablen Korbstühlen. *Mo–Sa 8–20, So 9–18 Uhr | Stephansplatz 4 | U 1, 3 Stephansplatz | Innere Stadt | 🕮 L8*

HALLE CAFÉ-RESTAURANT ★

Schlicht und schick, gutes Essen. Im Sommer lockt die Terrasse und der Garten mit Blick auf den MQ-Innenhof. Szenetreffpunkt mit trendigen Ausstellungen und Veranstaltungen im Haus. *Tgl. 10–2 Uhr | Museumsquartier | Museumsplatz 1 | U 1, 2, 3 Volkstheater | Neubau | 🕮 J9*

KAFFEE ALT WIEN

Die Sitzmöbel sind ziemlich durchgesessen, die Kellner tragen ausgebeulte Anzüge, die Wände sind dunkelbraun gestrichen. Eben ein Wiener Kaffeehaus. Für alle, die es authentisch mögen. *Tgl. 9–2 Uhr | Bäckerstr. 9 | U 1, 3 Stephansplatz | Innere Stadt | 🕮 L8*

KLEINES CAFÉ ★

Winziges, charmantes Kaffehaus mit gemütlichen Ledersitzecken im Chesterfieldstil und schönem Garten. Auch drinnen darf geraucht werden! Obwohl Drehort einer Szene von „Before Sunrise", verirren sich kaum Touristen hierher. *Tgl. 10–2 Uhr | Franziskanerplatz 3 | U 1, 3 Stephansplatz | Innere Stadt | 🕮 L8*

CAFE KORB

Das angenehm unprätentiöse Caférestaurant im 50er-Jahre-Ambiente wird gern von Künstlern frequentiert. Probier den hausgemachten Apfelstrudel! In der *Art Lounge* im Keller finden außerdem Lesungen statt. *Mo–Sa 8–24, So 10–24 Uhr | Brandstätte 9 | U 1, 3 Stephansplatz | Innere Stadt | 🕮 K–L8*

CAFÉ LANDTMANN ⚑

Großes, klassisches, freilich auch teures Ringstraßencafé. Von Politikern, Journalisten und Geschäftsleuten wird es gern als „Zweitbüro" genutzt, im Sommer auch ausgedehnt auf die schöne Terrasse. *Tgl. 7.30–24 Uhr | Universitätsring 4 | Straßenbahn D, 1, 2, 37, 38, 40–44, 71, Bus 1 A, U 2 Schottentor | Innere Stadt | 🕮 J7*

Unsere Empfehlung heute

Vorspeisen

FRITTATENSUPPE
klare Rindersuppe mit in Fett gebackenen und in Streifchen geschnittenen Eierpfannkuchen

GRIESSNOCKERLSUPPE
klare Rindersuppe mit Klößen aus Grieß, Milch, Eiern und Butter als Einlage

LEBERKNÖDELSUPPE
klare Rindersuppe mit Knödeln aus Rinderleber und Semmeln

Hauptgerichte

BEUSCHEL
klein geschnittene Innereien (meist Herz und Lunge) in pikanter Sauce

STELZE
gegrillte Unterschenkel vom Schwein oder Kalb; dazu Sauerkraut und Semmelknödel

TAFELSPITZ
Gustostück vom gekochten Rind, mit Schnittlauchsauce, Röstkartoffeln und Apfelkren (= geriebenem Meerrettich)

WIENER SCHNITZEL
paniertes, goldbraun ausgebackenes Filetstück vom Kalb; Beilage: Kartoffelsalat

KRAUTFLECKERLN
Nudeln mit pikantem, gedünstetem Weißkraut

Desserts

APFELSTRUDEL
Hauchdünner Strudelteig, gefüllt mit geriebenen Äpfeln, Nüssen, Rosinen, gewürzt mit Zimt und Zucker

KAISERSCHMARRN
Süßspeise aus zerrupftem Omelettteig, serviert mit Zwetschgenröster, also eingedicktem Pflaumenkompott

PALATSCHINKEN
süßer, mit Marillen- (= Aprikosen-) marmelade gefüllter Pfannkuchen

POWIDLTASCHERLN
böhmische Kartoffelteigtaschen, mit Pflaumenmus gefüllt

SACHERTORTE
Torte aus Eigelb, Zucker, wenig Mehl und Eiweißschnee, mit Marillenkonfitüre gefüllt und mit Schokolade übergossen

Scannen & Auswählen
WIE-21-038

VOLLPENSION ★

Zuverdienst statt Altersarmut. Was einmal als Pop-up-Projekt begonnen hat, ist mittlerweile ein hippes Lokal geworden. Nicht weniger als die besten Mehlspeisen zwischen Wien und Tokio verspricht die Vollpension. Dafür sorgen Rentner, die in der Küche und am Tresen stehen. Am Wochenende solltest du (rechtzeitig) kommen und das üppige Frühstück „Erbschleicher" bestellen. Das reicht von geräuchertem Forellenfilet und luftgetrockneter Salami vom Mangalitza-Wollschwein bis zu Aufstrich- und Käsevarianten. Miniguglhupf inklusive. *Mo–Fr 7.30–22, Sa 9–22, So 9–20 Uhr | Schleifmühlgasse 16 | U 1, 2, 4 Karlsplatz | Wieden | K10*

INSIDER-TIPP
Völlerei bei Oma

RESTAURANTS €€€

57 RESTAURANT

Im 57. Stock des 250 m hohen DC Tower wird internationale Küche mit regionalen Akzenten versprochen. Was das kulinarische Angebot noch toppt: die angeblich beste Aussicht auf Wien. Mit Dresscode. *Tgl. | Donau-City-Straße 7 | Tel. 01 9010420 80 | 57melia.com | U 1 Kaisermühlen-VIC | Donaustadt | P4*

ZUM SCHWARZEN KAMEEL

Die Wurzeln dieses stilvollen Restaurantklassikers gehen bis ins 17. Jh. zurück. Traditionsbewusste und kreativ ist die Küche von Chefin Sevgi Hartl, während Maître Gensbichler mit k. u. k. Charme kompetent durch Keller und Käsereich führt. Angeschlossen

Ob's hier auch Kamelfleisch gibt? Originell ist die Küche jedenfalls

sind eine Stehbar sowie ein feiner Wein- und Delikatessenladen. *So geschl. | Bognergasse 5 | Tel. 01 5 33 81 25 | kameel.at | U 3 Herrengasse | Innere Stadt | K8*

HUTH

Der Edelgastwirt bringt gehobene Wiener Küche auf den Tisch, begleitet von feinen Weinen. Eleganter Livingroom im Keller. *Tgl. | Schellinggasse 5 | Tel. 01 5 13 56 44 | zum-huth.at | Straßenbahn 2, D Weihburggasse | Innere Stadt | L8*

MRAZ UND SOHN

Im Lokal etwas ab vom Schuss wird auf Haubenniveau gekocht, und es gilt als eines der besten der Stadt. Auf den Tisch kommt, was der Küchenchef tagesaktuell zaubert. Fürs 4-Gang-Menü musst du mindestens 65 Euro hinlegen. Reservieren! *Sa/So geschl. | Tel. 01 3 30 45 94 | Wallensteinstr. 59 | mraz-sohn.at | Straßenbahn 5 Rauscherstraße | U 4 Friedensbrücke | Brigittenau | D4*

PLACHUTTA ★

Hier (und in den beiden „Filialen" in Hietzting und Nussdorf) ist nicht nur der Tafelspitz spitze. In ihrem schicken Restaurant servieren Ewald Plachutta und sein Team mehr als ein Dutzend Arten von gekochtem Rindfleisch. *Tgl. | Wollzeile 38 | Tel. 01 5 12 15 77 | plachutta.at | U 3 Stubentor | Innere Stadt | L8*

STEIRERECK

Okay, selbst für ein Mittagsmenü musst du mindestens 75 Euro hinlegen. Dafür bekommst du aber auch kreative Spitzenküche mit wienerischem Einschlag, etwa Mariazeller Saibling im Bienenwachs mit gelber Rübe, Pollen und Rahm. *Sa/So geschl. | Am Heumarkt 2a | im Stadtpark | Tel. 01 7 13 31 68 | steirereck.at | Straßenbahn 2 Weihburggasse | U 4 Stadtpark | Landstraße | M8*

RESTAURANTS €€

AUX GAZELLES

Orient pur für alle Sinne: Die schnieke Kombination aus Brasserie, Café & Deli bietet Kaviar- und Austernbar sowie Teesalon. Im Club oder im marokkanischen Dampfbad kannst du anschließend alles wieder ausschwitzen. *Café und Restaurant Di–Sa 11–24 Uhr, Club mit DJ Di–Sa 18–4 Uhr, Hamam & Salon de Thé Di–Fr 14–22, Sa 11–22 Uhr | Rahlgasse 5 | Tel. 01 5 85 66 45 | auxgazelles.at | Bus 57 A, U 2 Museumsquartier | Mariahilf | K9*

GLACIS BEISL ★

INSIDER-TIPP
Schatten statt Schwitzen

Gut versteckt: Im Hinterhof des Museumsquartiers kommt originelle österreichische Küche und eins der besten Schnitzel der Stadt auf den Tisch. An heißen Sommertagen ist der begrünte Innenhof eine herrliche Oase. Und im Winter lockt ein anderes Schmankerl: Zur Weihnachtszeit wird Glühwein in kleinen Mengen frisch zubereitet. *Tgl. | Museumsplatz 1 | Tel. 01 5 26 56 60 | glacisbeisl.at | U 2, 3 Volkstheater | Neubau | J9*

Scannen & Auswählen
WIE-21-039

BEOGRAD
In Wien fängt der Balkan an, heißt es. Zumindest schmeckt es hier genauso, und die Portionen sind so riesig und deftig, wie das am Balkan sein muss. Dazu gibt es fast immer Livemusik. *Mo geschl. | Schikanedergasse 7 | Tel. 01 5 87 74 44 | restaurant-beograd.at | U 4 Kettenbrückengasse | Wieden | A7*

EF16 ★
Der Gastgarten wurde schon mehrmals zu einem der schönsten der Stadt gekürt. Die Küche ist international und auf Sterneniveau, die Preise liegen aber deutlich darunter. Lass dich überraschen, und vertrau den Empfehlungen des freundlichen Personals! *Tgl. | Fleischmarkt 16 | Tel. 01 5 13 23 18 | ef16.at | U 1, 4 Schwedenplatz | Innere Stadt | L7*

FIGLMÜLLER
Wer die langen Schlangen vor der Tür entdeckt, könnte glauben, irgendein Promi hält hier Autogrammstunde. Dabei ist der Anlass nur ein Schnitzel. Zugegeben, diese Schnitzel sind etwas ganz Besonderes: besonders groß, besonders dünn und besonders zart. Unbedingt reservieren! *Tgl. | Wollzeile 5 | Tel. 01 5 12 61 77 | figlmueller.at | U 1, 3 Stephansplatz | Innere Stadt | L8*

GMOAKELLER
Gekonnt verfeinerte Hausmannskost nach Traditionsrezepten mit steirischem Einschlag in behaglicher Wirtshausatmosphäre; dazu ausgezeichnete Weine. *So geschl. | Am Heumarkt 25 | Tel. 01 7 12 53 10 | gmoakeller.at | U 4 Stadtpark | Landstraße | M9*

HANSEN
Das wunderschöne Lunchlokal liegt zwar im Souterrain der Börse, doch das Ambiente ist lichtdurchflutet und mit Blick auf üppige Grünpflanzen. Moderne, leichte Küche. *Sa abends und So geschl. | Wipplingerstr. 34 | Tel. 01 5 32 05 42 10 | hansen.co.at | Straßenbahn D, 1, 71 Börse | U 2 Schottentor | Innere Stadt | K7*

SIEBENSTERN-BRÄU
Im Kellerlokal und im Hinterhofgastgarten werden dir zu deftig österreichischen Gerichten wie Rindsgulasch mit -Semmelknödel auch hauseigene Bierspezialitäten aufgetischt. Und an Wochentagen gibt's von 11.30–15 Uhr preiswerte Mittagsteller (inklusive veganer Option). Dazu vielleicht ein Hanf- oder Chilibier? *Siebensterngasse 19 | Tel. 01 5 23 86 97 | 7stern.at | Straßenbahn 49 Stiftgasse | U 2, 3 Volkstheater | Neubau | J9*

INSIDER-TIPP
Schnitzel trifft Hanf

HEUER AM KARLSPLATZ
Ziemlich fancy: Eingelegtes in riesigen Weckgläsern, ungewöhnliche Gerichte wie gegrillter Oktopus mit geräucherten Blunznradeln (Blutwurstscheiben), selbst gemachte Limonaden. Alles bio und regional – Kunst gibt's dazu. *Tgl. | Treitlstr. 2 | Tel. 01 8 90 05 90 | heuer-amkarlsplatz.com | U 1, 2, 4 Karlsplatz | Wieden | L9*

Gemüse ist unser Fleisch: Dafür steht die Crew vom Wrenkh nicht nur vor der Tür

MOCHI

Japanische Küche, gepaart mit Tel Aviv und Berlin, daraus entstehen so spannende Cross-over-Gerichte wie gegrillter Spargel mit Misobutter. Ohne Reservierung kannst du nur nachmittags Plätze ergattern. *So geschl. | Praterstr. 15 | Tel. 01 9 25 13 89 | mochi.at | U 1, 4 Schwedenplatz | Leopoldstadt | M7*

SCHILLING

Vom Backhenderl übers Schnitzel bis zum Tafelspitz und Kaiserschmarrn mit Zwetschgenröster: So geht Wiener Küche – und gemütlich ist es im Altwiener Lokal auch noch. Reservierung empfiehlt sich. *Tgl. | Burggasse 103 | Tel. 01 5 24 17 75 | schilling-wirt.at | U 6 Burggasse-Stadthalle | Neubau | H9*

WRENKH ★

Wiens Meister der gesunden Küche und ein Mekka für Vegetarier. Recht fashionable, mit Bar, Shop für Functional Food und Kochkursen im angeschlossenen Kochsalon. *So geschl. | Bauernmarkt 10 | Tel. 01 5 33 15 26 | wrenkh-wien.at | U 1, 3 Stephansplatz | Innere Stadt | L8*

RAMIEN

Das Pionierlokal unter Wiens modernen Asiaten wird für sein schlichtes Styling und seine famose Küche weithin gelobt und ist bis heute bei jungen Kreativen beliebt. Herrliche Nudelsuppen, Reisgerichte mit Tofu, Ente, Lachs ... *Mo geschl. | Gumpendorfer Str. 9 | Tel. 01 5 85 47 98 | ramien.at | U 2, 4 Karlsplatz | Mariahilf | K9*

Scannen & Auswählen
WIE-21-040

ST. JOSEF

Sieht aus wie Fleisch, ist es aber nicht. Im pflanzenreichen Lokal sind alle Gerichte vegetarisch, die meisten vegan, alles bio. Unter der Woche gibt's auch einen vegetarischen Mittagsteller mit veganer Option. Für den Kaffee danach gehst du am besten in die nahe gelegene Zollergasse. Dort findest du haufenweise gemütliche Orte. *Mo–Fr 8–18.30, Sa 8–16 Uhr | Mondscheingasse 10 | Tel. 01 5 26 68 18 | U 3 Neubaugasse | Facebook: Naturkost St. Josef | Neubau | H9*

INSIDER-TIPP
Tellerweise Veggie-Stärkung

STEMANN

In manchen Ländern sind es karierte Tischdecken, die für solide Küche stehen – in Wien sind es holzvertäfelte Wände. In der gemütlichen Gastwirtschaft gibt es all das Gute, das die traditionelle Wiener Küche hergibt: Gulasch und Zwiebelrostbraten, Schnitzel und Kaiserschmarrn – gern mal modern interpretiert. Reservieren! *Sa/So geschl. | Otto-Bauer-Gasse 7 | Tel. 01 5 97 85 09 | steman.at | U 3 Zieglergasse | Mariahilf | H10*

UBL

Nichts für Kalorienzähler, aber ein Paradies für Fans österreichischer Spezialitäten wie Schnitzel, Stelze oder gebackene Innereien. Urgemütliches Gasthaus mit Kanonenofen, alten Holztäfelungen und -dielen. *Mo/Di geschl. | Pressgasse 26 | Tel. 01 5 87 64 37 | U 4 Kettenbrückengasse | Wieden | K10*

ZUM BLAUEN ESEL

Idealer Anlaufpunkt nach einem Schönbrunn-Besuch – trotz etwas ab-

Schampus zum Käsekrainer: Beim Bitzinger geht's trotz Edeltouch um die Wurst

schreckender Lage. Das gemütliche Gasthaus trumpft mit herrlichem Garten samt Kies und Kastanien auf. Serviert wird gehobene Vorstadtküche, etwa Steaks und Scampi vom Grill, dazu gute Weine. *So geschl. | Hadikgasse 40 | Tel. 01 8 95 51 27 | blauer-esel.at | U 4 Hietzing | Penzing | D12*

RESTAURANTS €

BITZINGER

Nein, streng genommen ist der Würstelstand hinter der Staatsoper kein Restaurant. Aber stilvoller Würstel essen als „beim Bitzinger", der auch Champagner und exotische Biere zur Wurst anbietet (und, weiterer Pluspunkt, nahezu durchgehend geöffnet hat), geht es in Wien kaum. *Tgl. 8–4 Uhr | zwischen Oper und Albertina; weiterer Würstelstand im Wiener Prater | Tel. 0681 84 23 14 74 | bitzinger-wien.at | Bus 59 A, Straßenbahn D, 1, 2, 62, 65, 71, U 1, 2, 4 Karlsplatz | Innere Stadt | K8*

DER WIENER DEEWAN

Hier zeigt sich, wer Anstand hat – es ist nämlich der Gast, der den Preis für die täglich wechselnden, fruchtig-würzigen indisch-pakistanischen Eintöpfe bestimmt. Aber nicht zu kräftig zulangen, denn es muss Platz im Magen bleiben für die herrliche, mit Kardamom verfeinerte Nachspeise *Suji Halwa*. Und vergiss nicht, am Ende einen fairen Preis zu bezahlen. *So geschl. | Liechtensteinstr. 10 | Tel. 01 9 25 11 85 | deewan.at | Straßenbahn D, 1, 37, 38, 40–44, 71, U 2 Schottentor | Alsergrund | K7*

INSIDER-TIPP
Wo Grießbrei süchtig macht

INIGO

Im freundlich-ungezwungenen Lokal trifft sich ein bunt gemischtes Publikum. Spezialitäten sind die vegetarischen Menüs und das günstige Mittagsmenü. *So geschl. | Bäckerstr. 18 | Tel. 01 5 12 74 51 | inigo.at | U 3 Stubentor | Innere Stadt | L8*

KÄUZCHEN

Die lustigste Speisekarte Wiens: mit witzigen Zeichnungen und Gerichten mit originellen Namen wie Simone de Beauvoir (Cordon Bleu mit Camembert und Preiselbeeren). Die österreichische bis vegane Küche gibt's bis eine Stunde vor Betriebsschluss. *Mo–Sa 16–2, So 16–24 Uhr | Gardegasse 8 | Tel. 01 5 24 78 82 | kaeuzchen.at | U 2, 3 Volkstheater | Neubau | J9*

Scannen & Auswählen
WIE-21-041

KOLAR BEISL

Mitten in der Altstadt und doch versteckt gelegen: Das Kolar Beisl serviert herrlich-deftige Fladenbrote aus dem Holzofengrill, etwa mit Quark, Eiaufstrich oder Sauerrahm, Schinken und Champignons. *Tgl. bis 1 Uhr | Kleeblattgasse 5 | Tel. 01 5 33 52 25 | kolarbeisl.at | Bus 2 A, 3 A Brandstätte | U 1, 3 Stephansplatz | Innere Stadt | K8*

MASCHU MASCHU

Falafel? Die Antwort ist Maschu Maschu. Die schmackhafte orientalische Küche wird in drei zentral gelegenen Filialen – auch in der Inneren Stadt *(Rabensteig 8 | U 1, 4 Schwedenplatz | L7)* und Landstraße *(The Mall Wien Mitte | U 3, 4 Landstraße | M8)* serviert. Und in allen Ablegern kannst du günstige Mittagsmenüs ordern! *Tgl. | Neubaugasse 20 | Tel. 01 9 90 47 13 | maschu-maschu.at | Bus 13 A, U 3 Neubaugasse | Neubau | H9*

PLUTZER BRÄU

Uriges Lokal „für Studenten und Junggebliebene": In rustikalem Ambiente bekommst du deftige österreichische Gerichte, auch mit Optionen für Vegetarier. Ausgeschenkt wird Craft Beer, die Weinauswahl ist groß. *Tgl. | Schrankgasse 2/Ecke Stiftgasse | Tel. 01 5 26 12 15 | plutzerbraeu.at | U 2, 3 Volkstheater | Neubau | J9*

SCHWEIZERHAUS

Eine Institution im Wurstelprater. Herzhafte Altwiener Küche von Schnitzel und Spiegelkarpfen bis hin zu Schweinsstelze und Saftgulasch. Im Sommer sitzt du im Schatten riesiger Kastanienbäume. *Tgl. Mitte März–Ende Okt. | Prater 116 | Tel. 01 72 80 15 20 | schweizerhaus.at | U 1 Messe Prater | Leopoldstadt | N6*

SOHO IN DER NATIONALBIBLIOTHEK

Von Studenten, Beamten und Bankern geschätzte Kantine im Souterrain der Nationalbibliothek. Vom Stil her erinnert sie an ein Designerlokal mit Bistroküche, doch die Preise dürften dich angenehm überraschen. Täglich wechselnde Menüs mit deftigem österreichischem oder leichtem asiatischem Hauptgericht sowie leckere Snacks. *Mo–Fr 9–16, Menü ab 11.30 Uhr | Am Josefsplatz 1/Neue Hofburg, Zugang vom Burggarten neben Schmetterlingshaus oder hinter der Burgkapelle Tür links | Tel. 01 67 63 09 51 61 | U 2 Museumsquartier | Bus 2 A Michaelerplatz | Innere Stadt | K8*

TIROLERGARTEN

Lust auf Herzhaft-Alpines in Tiroler Bauernhausatmosphäre mit schönem Garten? Dafür musst du nicht in die Berge fahren, sondern nur raus nach Hietzing. Neben Speckjause, Schlutzkrapfen und Bio-Rindsgulasch lassen auch Spinat- und Tiroler Knödel das Wasser im Mund zusammenlaufen. Im ersten Stock abends Restaurantbetrieb mit gehobener Küche (und entsprechenden Preisen). *Tgl. | Schlosspark Schönbrunn | Tel. 01 8 79 35 56-0 | zoovienna-gastro.at | U 4 Hietzing, dann Bus 56 A, 56 B oder 58 A | Hietzing | D12*

Ein Biergarten in Wien, der Schweizerhaus heißt? Ja, aber Altwiener Küche auftischt!

TÜRKIS

Fast Food – aber mit Qualität. Beim Familienunternehmen Türkis bekommst du einen der besten Kebabs der Stadt, aber auch vegetarische Gerichte. Neben dem Türkis Palast in der Favoritenstraße mit nahezu Rundumbetrieb bekommst du die leckeren Fleischspießchen an weiteren 15 Standorten. *Tgl. 8–24 Uhr | Favoritenstr. 105 | Tel. 01 6 00 50 10 | tuerkis.at | Straßenbahn 6, 67, U 1 Reumannplatz | Favoriten | 🕮 0*

WALDVIERTLER HOF

Ein Landgasthaus mitten in der Stadt! Deftige Spezialitäten aus Niederösterreich (günstige Mittagsmenüs), freundliches Personal, gemütlich-rustikales Ambiente und Garten. *Sa/So geschl. | Schönbrunner Str. 20 | Tel. 01 5 86 35 12 | waldviertlerhof.at | U 4 | Bus 59 A Kettenbrückengasse | Margareten | 🕮 K10*

TOFU & CHILI

Rund um den Naschmarkt haben sich zahlreiche asiatische Restaurants angesiedelt. Das Tofu & Chili serviert authentische Küche aus dem Norden Chinas. Die Nudeln werden hier selbst gemacht – handgezogen und im Wok oder in der Suppe serviert. Tofu mit Chilisauce gibt's natürlich auch. Wenn du dich lieber in die Sonne setzt als ins kleine Lokal, bestellst du eine Lunchbox zum Mitnehmen. *Mo–Sa 11.30–22 Uhr | Linke Wienzeile 18 | Tel. 01 5 85 69 70 | U 1, 2, 4 Karlsplatz | Mariahilf | 🕮 K9*

INSIDER-TIPP
Pasta à la Peking

Scannen & Auswählen
WIE-21-042

SHOPPEN & STÖBERN

Wien kann, muss aber kein teures Pflaster sein. Luxusshopper finden im „Goldenen Quartier" oder entlang der Kärntner Straße ihr Eldorado. Das historische Zentrum beherbergt generell hochpreisige und teils alteingesessene Geschäfte.

Im sechsten und siebten Bezirk entlang der Mariahilfer Straße haben junge Designer kleine Läden eröffnet, in denen sie Mode, Möbel und Schmuck verkaufen. Insbesondere in der Gegend um Neubau- und Lindengasse schießen Shops wie Pilze aus dem Boden. Wer klassische Souvenirs sucht, wird an Augarten-Porzellan oder ei-

Maria, hilf! Qual der Wahl in den Modehochburgen Neubau und Mariahilf

ner Sachertorte nicht vorbeikommen. Sinnlich-handfester geht es auf Wiens insgesamt fast zwei Dutzend Lebensmittelmärkten zu. Am spannendsten ist bestimmt ein Bummel über den weitläufigen Naschmarkt mit dem samstags angrenzenden Flohmarkt. Die Rollläden werden an Werktagen vielerorts um 19 oder 20 Uhr heruntergelassen, samstags ist immer noch spätestens um 18 Uhr Schluss. Und am Sonntag bleiben die allermeisten Läden generell geschlossen. Selbst Lebensmittel bekommst du dann nur in ausgewählten Läden an den Bahnhöfen.

WO WIEN SHOPPT

Scannen & Auswählen
WIE-21-044

MARCO POLO HIGHLIGHTS

★ **JULIUS MEINL AM GRABEN**
Bester Feinkostladen der Stadt mit Delikatessen aus aller Welt ➤ S. 92

★ **INA KENT**
Hippe Lederhandtaschen für modebewusste Frauen ➤ S. 90

★ **AUGARTEN**
Aus der zweitältesten Porzellanmanufaktur Europas stammen Wiens weltberühmte Figuren ➤ S. 93

★ **NASCHMARKT**
Basaratmosphäre auf Wiens größtem und schönstem Lebensmittelmarkt ➤ S. 95

★ **TRACHTEN TOSTMANN**
Trachtenmode und -verleih: Wien im „Austrian Look" ➤ S. 96

★ **ALTMANN & KÜHNE**
Bonbons, Konfekt und andere süße Versuchungen für Schleckermäuler, dazu noch hübsch verpackt ➤ S. 96

ACCESSOIRES, SCHMUCK & HANDWERK

ANNA STEIN

Ausgefallene Souvenirs und Nippes – von Filzbörsen über Kunstkarten bis hin zu brasilianischem Schmuck. Salonatmosphäre, mit angeschlossenem Streetcafé. *Kettenbrückengasse 21 | anna-stein.com | U 4 Kettenbrückengasse | Margareten | K10*

JAROSINSKI & VAUGOIN SILBERSCHMIEDE

Es funkelt und blinkt und glänzt – und ist zugegeben nicht ganz günstig. Dennoch: Die Schalen, Bestecke und Kerzenleuchter sowie Schmuck und Accessoires aus einer der ältesten Silbermanufakturen des Landes sind zumindest zum Anschauen einen Besuch wert. *Zieglergasse 24 | U 3 Zieglergasse | Neubau | H10*

WOHIN ZUERST?

Stephansdom (*L8*): Wiens zentrale Shoppingzone erstreckt sich rund um den Dom. Von Nobelboutiquen gesäumt sind Graben und Kohlmarkt, in geringerem Maße auch Rotenturm- und Kärntner Straße. Merklich preiswerter geht es auf den großen, peripheren Einkaufsmeilen wie Landstraßer und Wiedner Hauptstraße sowie Favoritenstraße, vor allem aber auf der Mariahilfer Straße zu. Auf viele interessante, oft kuriose Läden stößt man in den Seitengässchen der City, aber auch des Naschmarkts.

FREY WILLE

Sehr edler, dekorativer Emailleschmuck mit Dekor aus 24-karätigem Gold. *Lobkowitzplatz 1 | Straßenbahn D, 1, 2, 71, U 1, 2, 4 Karlsplatz | K8; Stephansplatz 5 | U 1, 3 Stephansplatz | Innere Stadt | L8*

INA KENT ★

Die handgefertigten Ledertaschen in vielen Farben halten ewig und sind bei modebewussten Wienerinnen beliebt. *Neubaugasse 34 | U 3 Neubaugasse | Neubau | H10*

HORN

Accessoires und Reiseartikel aus Leder, zeitlos elegant und perfekt verarbeitet. *Bräunerstr. 7 | U 1, 3 Stephansplatz | K8; Mahlerstr. 5 | U 1, 2, 4 Karlsplatz | Innere Stadt | L9*

KAUFHAUS SCHIEPEK

Glamouröse Ketten, Ohrringe und Accessoires von Designprofis, Perlen und Zubehör zum Selbermachen. *Teinfaltstr. 3 | Straßenbahn D, 1, 71 Burgtheater | U 3 Herrengasse | Innere Stadt | K7*

NEW ONE

Viel Bling-Bling, aber mit Stil: Die filigranen Ohrringe und Ketten sowie glitzernden Armbänder changieren zwischen Beständigkeit und Wandel. Die moderne Linie des Traditionsjuweliers Schullin soll junge Kundschaft ansprechen. *Goldschmiedgasse 10 | U 1, 3 Stephansplatz | Innere Stadt | K8*

SKREIN
Ein junges Team exzellenter Schmuckkünstler präsentiert eigene Kreationen und die bekannter Kollegen. Sehr innovativ und persönlich. *Spiegelgasse 5 | U 1, 3 Stephansplatz | Innere Stadt | K8*

SLAVIK
Hochkarätige Schmuckgalerie mit Kreationen internationaler Gegenwartskünstler in anspruchsvollem Ambiente. *Himmelpfortgasse 17 | galerie-slavik.com | U 1, 3 Stephansplatz | Innere Stadt | L8*

WALTER WEISS
Handgezogene Haar- und Kleiderbürsten, die ein Leben lang halten. *Mariahilfer Str. 33 | Bus 13 A Stiftgasse | U 3 Neubaugasse | Mariahilf | J9*

Goldstücke mit mächtig Karat: Emailleringe von Frey Wille

ANTIQUITÄTEN & ANTIQUARIATE

CHRISTIAN NEBEHAY
Fundgrube für Bücher und Kunst, vor allem aus der Jugendstil- und Secessionsära. *Annagasse 18 | Straßenbahn D, 1, 2, 71, U 1, 2, 4 Karlsplatz | Innere Stadt | L9*

DOROTHEUM
Möbel, Porzellan, Bücher, Schmuck, Gemälde, Spielzeug und Kuriositäten aller Art, Preis- und Qualitätsklassen kannst du in diesem über 300 Jahre alten, heute sehr eleganten Pfandhaus erstehen – entweder bei Auktionen oder im Bereich „Freier Verkauf". Flanieren und stöbern lohnt auf jeden Fall. *Mo–Fr 10–18, Sa 9–17 Uhr | Dorotheergasse 17 | Auktionstermine: Tel. 01 5 15 60 0 | dorotheum.com | U 1, 3 Stephansplatz | Innere Stadt | K 8*

INLIBRIS GILHOFER NFG.
Eines der führenden Häuser für Austriaca, Autografe, alte Drucke und Bücher. *Rathausstr. 19 | Straßenbahn D, 1, 37, 38, 40–44, 71 | U 2 Schottentor | Innere Stadt | J7*

KOVACEK
Hier bekommst du gläserne Antiquitäten allererster Güte. *Spiegelgasse 12 | Bus 2 A, U 1, 3 Stephansplatz | Innere Stadt | K8*

FEINKOST, TEE & WEIN

BABETTE'S

Sehr „bekömmliche" Mischung aus internationalen Kochbüchern und exotischen Gewürzen. Dazu Kochkurse und mittags frische Suppen und Currys. *Schleifmühlgasse 17 | U 4 Kettenbrückengasse | Wieden | K10; Am Hof 13 | U 3 Herrengasse | Innere Stadt | K7*

TEE UND GESCHENKE

Keine Panik, falls du noch das richtige Mitbringsel suchst. Hier wirst du fündig – vor allem in kulinarischer Hinsicht, etwa mit den berühmten Zaunerstollen aus Bad Ischl, einer Masse aus zerkleinerten Oblaten, Haselnüssen und Schokolade, die in dünne Scheiben geschnitten wird. *Zieglergasse 4 | U 3 Zieglergasse | Neubau | H10*

INSIDER-TIPP
Naschere in Scheibchen

BE(E) HONEY WELTHONIG

Süße Auswahl an Honigspezialitäten aus aller Welt, auch aus Wien (Probieren erlaubt!), dazu Hautpflegeprodukte – natürlich alle mit Honig. *Mo–Fr 10–18.30, Sa 10–18 Uhr | Judengasse 1 | Bus 1 A, 3 A Hoher Markt | Innere Stadt | L7*

JULIUS MEINL AM GRABEN ★

Der beste Feinkostladen der Stadt. Auf drei Stockwerken gibt es neben einer riesigen Auswahl an Delikatessen ein Restaurant, ein Café sowie Wein- und Sushibar. *Graben 19 | meinlamgraben.at | Bus 1 A, 2 A, U 1, 3 Herrengasse | Innere Stadt | K8*

SCHÖNBICHLER

Wiens bester Teespezialist führt mehr als 100 Sorten aus aller Welt – vom edlen Klassiker bis zum modernen Mix in coolen Aludosen. *Wollzeile 4 | Bus 3 A, U 1, 3 Stephansplatz | Innere Stadt | L8*

BÖHLE

Traditionsreicher Delikatessenladen mit phänomenalem Wein- und Spirituosenangebot. Frisch zubereitete Aufstriche und warme Spezialitätenhäppchen bekommst du im Straßenverkauf. *Wollzeile 30 | Straßenbahn 2 Luegerplatz | U 3 Stubentor | Innere Stadt | L8*

FILM, SPIELE, MUSIK & BÜCHER

DAMAGE UNLIMITED GAMES CENTER

Spiele für Kinder und Erwachsene: die größte Brettspielauswahl in der Stadt. *Theobaldgasse 20 | U 2 Museumsquartier | U 3 Neubaugasse | Mariahilf | J9*

HARTLIEBS BÜCHER

Bücher kaufst du am besten bei Menschen, die Bücher lieben: Petra Hartlieb ist solch ein Mensch. Die Buchhändlerin und Autorin landete mit ihrem Erfahrungsbericht „Meine wundervolle Buchhandlung" sogar einen Bestseller. *Mo–Fr 9–18, Sa 9–13 Uhr | Porzellangasse 36 | Straßenbahn D Seegasse | U 4 Roßauer Lände | Alsergrund | J6*

INSIDER-TIPP
Die Liebe zum Papier

Vom kostbaren Kristalllüster bis zur Vase: Bei Lobmeyr funkelt alles aus Glas

DOBLINGER

Das Traditionshaus führt neue und antiquarische Noten, Musikfachliteratur und Platten. *Dorotheergasse 10 | U 1, 3 Stephansplatz | Innere Stadt | K8*

SUPERSENSE

Ein Paradies für Analog-Liebhaber. Hier kannst du Digitales zurückverwandeln und eigene Schallplatten oder Polaroids erstellen lassen. Mit angeschlossenem Café, das preiswerte Mittagsmenüs anbietet. *Di–Fr 9.30–19, Sa 10–17 Uhr | Praterstr. 70 | U 1, 2 Praterstern | Leopoldstadt | M6*

SUBSTANCE

Zehntausende Vinylplatten, von den Klassikern der 80er-Jahre bis zu den neuesten Indie-Releases. *Mo–Fr 11–19, Sa 11–18 Uhr | Westbahnstr. 16 | Straßenbahn 49, U 3 Zieglergasse | Neubau | H9*

KUNSTHANDWERK, DESIGN & MÖBEL

LOBMEYR

Edle Kristalllüster, Spiegel, Gläser. Sehr sehenswert (Eintritt frei!) ist das Glasmuseum im 2. Stock! *Kärntner Str. 26 | U 1, 3 Stephansplatz | Innere Stadt | L8*

AUGARTEN ★

Die filigranen Figuren sowie das Geschirr aus dieser zweitältesten Porzellanmanufaktur Europas zählen zu den beliebtesten Mitbringseln aus Wien.

Scannen & Auswählen
WIE-21-046

Da läuft einem der Saft im Mund zusammen: pralle Früchte auf dem Naschmarkt

In Schloss Augarten kannst du bei einstündigen Führungen den Herstellungsprozess verfolgen, kaufen kannst du die zerbrechlichen Produkte auch im Flagshipstore in der Innenstadt. *Führungen Beginn Mo–Do 10.15 und 11.30 Uhr | Eintritt 17 Euro | Obere Augartenstr. 1 | U 2 Taborstraße | Leopoldstadt | 🕮 L6; Flagshipstore: Spiegelgasse 3 | augarten.at | U 1, 2 Stephansplatz | Innere Stadt | 🕮 K8*

CUADROS

In der Stiftgasse, im Herzen von „Boboville", liegt dieses reizende Wohndekogeschäft, das witzige Dekoobjekte, Wandtattoos und Blechschilder verkauft. *Mo–Fr 12–19, Sa 10–17 Uhr | Stiftgasse 13 | U 3 Neubaugasse | Neubau | 🕮 J9*

RÉPERTOIRE

Gemischtwarenladen für Design aus der Kategorie „Dinge, die niemand braucht, aber jeder will": von originellen Notizbüchern über Lampen bis zu Falttrophäen. *Otto-Bauer-Gasse 9 | U 3 Zieglergasse | Mariahilf | 🕮 H10*

STILWERK

Klassiker bis Avantgarde: Wohndesign von renommierten internationalen Herstellern. *Praterstr. 1 | U 1, 4 Schwedenplatz | Leopoldstadt | 🕮 M7*

ARTUP

Witziger Mix aus Wohnaccessoires, Mode und originellen Souvenirs, alles Unikate oder in Kleinserie von heimischen Nachwuchsdesignern. *Bauernmarkt 8 | U 1, 3 Stephansplatz | Innere Stadt | 🕮 L8*

WOKA LAMPS VIENNA

Lampen über Lampen: Die Designleuchten für Tisch, Wand oder Decke in Jugendstil und Art déco werden nach Entwürfen von Designern wie Josef Hoffmann, Adolf Loos und Kolo Moser hergestellt. *Singerstr. 16 | U 1, 3 Stephansplatz | Innere Stadt | L8*

MÄRKTE

NASCHMARKT ★

Der „Bauch von Wien", der größte und auch schönste Lebensmittelmarkt der Stadt, verströmt heiter-sinnliche Basaratmosphäre. Besonders charmant: die lautstark feilschenden, Kostproben reichenden Händler vom Balkan und aus der Türkei. *Mo–Fr 6–18.30, Sa 6–17 Uhr | an der Wienzeile zwischen Kettenbrückengasse und Karlsplatz | U 1, 2, 4 Karlsplatz | U 4 Kettenbrückengasse | Mariahilf | K9–10*

BRUNNENMARKT

Nach einem Rundgang über Wiens größten Straßenmarkt im multikulturellen Viertel Ottakring ist es eine Wohltat, sich an warmen Tagen in einem der zahlreichen Lokale zu entspannen, die draußen am Yppenplatz ihre Tische aufstellen. Herrliche türkische Süßigkeiten kannst du jeden Tag bis 23 Uhr im *Kamelya Café (Brunnengasse 74)* naschen. *Brunnengasse/Yppenplatz | Markt Mo–Fr 6–19.30, Sa 6–17 Uhr, Gastrostände Mo–Sa 6–23 Uhr | Straßenbahn 44 Yppengasse | U 6 Josefstädter Straße | Ottakring | G7–8*

INSIDER-TIPP
Erwärm dich für Wien: mit Baklava

MODE

FLO

„Antiquitäten mit Nähten" lautet das Motto in Ingrid Raabs Laden für Vintagemode. Mehr als 5000 Kleidungsstücke, vom Charlestonkleid bis hin zum New Look der 1950er-Jahre, dazu Strümpfe, Hüte, Modeschmuck und vieles mehr. In diesem Geschäft stöbern auch Filmstars und Trendscouts. *Schleifmühlgasse 15a | U 4 Kettenbrückengasse | Wieden | K10*

FREITAG

Die Taschen und Rucksäcke des Schweizer Kultlabels werden aus alten Lkw-Planen mit Henkeln aus gebrauchten Sicherheitsgurten und Säumen aus alten Fahrradschläuchen gefertigt. 1600 kunterbunte Modelle im Herzen von Wiens hipster Modemeile. *Neubaugasse 26 | U 3 Neubaugasse | Neubau | H9*

HENNY ABRAHAM

Erlesene, mit viel Liebe aus aller Welt zusammengetragene Einzelstücke: ob Sari, Kimono, Kelim und Quilt oder Perlmuttbesteck und Reispapier. *Di–Fr 13–19, Sa 13–16 Uhr | Schleifmühlgasse 13 | U 4 Kettenbrückengasse | Wieden | K10*

LAMBERT HOFER JUNIOR

Falls dir noch die passende Kleidung für einen Besuch in der Staatsoper oder im Musikverein fehlt: Hier kannst du Kostüme und elegante Abendgarderobe leihen. *Margaretenstr. 25 | Tel. 01 5 87 44 44 | U 4 Kettenbrückengasse | Wieden | K10*

LE MIROIR

In der verträumten Boutique dreht sich alles um bezaubernde Mode junger französischer Designer. *Di, Mi, Fr 12–19, Do 12–20, Sa 10–18 Uhr | Strobachgasse 2 | U 4 Pilgramgasse | Margareten | J11*

POLYKLAMOTT

Bestens erhaltene Vintagemode und Kaschmirpullover für wenig Geld, nur wenige Meter vom Flohmarkt entfernt.

INSIDER-TIPP **Verlust-geschäft**

Sonnenbrille oder Handschuhe verloren? Der Vintage-Verkaufsautomat vor dem Geschäft hilft rund um die Uhr bei Notfällen. Nimm fünf Ein-Euro-Stücke mit! *Mollardgasse 13 | U 4 Kettenbrückengasse | Mariahilf | J10*

LILA

Bist du experimentierfreudig und liebst schräge Schnitte, knallbunte Stoffe und Oversize-Röcke? Dann schau in die zwei Läden von Lisi Lang. Was sie designt, ist eigenwillig und mit keiner bekannten Modeepoche vergleichbar. *Kirchengasse 7 | Straßenbahn 49 Kirchengasse | Neubau | J9; Westbahnstraße 3 | Straßenbahn 49 Westbahnstraße/Neubaugasse | U 3 Neubaugasse | Neubau | J9*

PARK

Avantgardemode und 1980er-Jahre-Kult, ungewöhnliche Accessoires, internationale Modejournale und exklusive Möbel auf zwei Stockwerken nahe der Mariahilfer Straße. *Mondscheingasse 20 | U 3 Neubaugasse | Neubau | H9*

SCHELLA KANN

Hier findest du extravagant-moderne Couture für starke Frauen, funktionell, geradlinig, aus luxuriösen Stoffen, mehrheitlich in kräftigen Farben. *Spiegelgasse 15 | U 1, 3 Stephansplatz | Innere Stadt | L8*

SNEAK IN

Wenn du nicht sicher bist, ob du die ausgefallenen Sneakers kaufen sollst, kannst du in diesem Concept-Store bis zur Entscheidung einen Kaffee trinken und Kuchen essen. Für den Brunch am Samstag oder Sonntag am besten reservieren! *Di–Fr 12–20 Uhr, Sa 10–18 Uhr, Café Di–Do 10–24, Fr–Sa 10–2, So 10–18 Uhr | Siebensterngasse 12 | U 2, 3 Volkstheater | Neubau | J9*

STEFFL

Im Traditionshaus findest du Mode und Lifestyle, alles exquisit und teuer. *Mo 10–14, Di–Fr 10–20, Sa 9.30–18 Uhr | Kärntner Str. 19 | U 1, 3 Stephansplatz | Innere Stadt | L8*

TRACHTEN TOSTMANN ★

Original-Trachtenlook für die ganze Familie; Trachtenverleih. *Schottengasse 3a | Straßenbahn D, 1, 37, 38, 40–44, 71, U 2 Schottentor | Innere Stadt | K7*

SÜSSE SACHEN

ALTMANN & KÜHNE ★

Für Leckermäuler mit Geschmack: Bonbons und Minikonfekt in entzückenden Schächtelchen. *Graben 30 | Bus 1 A, 2 A, U 1, 3 Stephansplatz | Innere Stadt | K8*

Wie süß! Außen rosa Schleifchen, drinnen Zuckriges von der Konditorei Demel

DEMEL

Deck dich mit feinsten Bonbonnieren und Torten beim ehemaligen k. u. k. Hofzuckerbäcker ein. Angeschlossen ist ein *Museum (Fr 10–12 Uhr | Eintritt 4 Euro). Kohlmarkt 14 | demel.at | Bus 1 A, 2 A | U 3 Herrengasse | Innere Stadt | K8*

MANNER SHOP

Die klassischen Nougatwaffeln in rosaroter Verpackung gibt es täglich frisch im Flagship-Store. *Stephansplatz 7 | U 1, 3 Stephansplatz | Innere Stadt | L8*

SACHER CONFISERIE

Hier bekommst du die berühmte Schokoladentorte zum Mitnehmen und zum Verschicken. *Kärntner Str. 38 | Straßenbahn D, 1, 2, 71, U 1, 2, 4 Karlsplatz | Innere Stadt | K9*

SCHOKO COMPANY

Alles bio, regional oder Fairtrade – ob Weine und Liköre, Honig, Kaffee und natürlich: Schokolade. Du kannst dich durch ein Riesensortiment wühlen. Der steirische Schokoladenhersteller Zotter verspricht skurrile und immer neue Geschmacksrichtungen. Kleine Kostprobe: Fischgummi oder doch lieber Brennholz-Hackschnitzel? *Naschmarkt 326–331 | U 1, 2, 4 Karlsplatz | Mariahilf | K9*

INSIDER-TIPP
Schoko mit Fischgeschmack

XOCOLAT

Schokoladentempel in der Passage des Palais Ferstel. Die Leckereien sind teils in Handarbeit eigenproduziert, teils aus aller Welt importiert. *Freyung 2 | xocolat.at | Bus 1 A, 2 A, U 3 Herrengasse | Innere Stadt | K8*

Scannen & Auswählen
WIE-21-048

AUSGEHEN & FEIERN

Die österreichische Hauptstadt ist so etwas wie ein Underground-Tipp unter jenen, die sich gern die Nächte um die Ohren schlagen und sich die Seele aus dem Leib tanzen.

Sogar aus dem weltberühmten Burgtheater wummern in den letzten Jahren immer wieder Technobeats. Denn Wien ist zwar in erster Linie noch immer für klassische Musik, Sängerknaben und Opern bekannt, die Clubszene noch lange nicht jene von Berlin, Paris oder London – aber die Stadt liebäugelt seit rund einem Jahrzehnt auf sehr hohem Niveau mit elektronischer Musik, die nun immer häufi-

Lokale zum Draußensitzen? Gibt's jede Menge im ersten Bezirk

ger auch Rendezvous mit den traditionellen Kultureinrichtungen wagt. Das Donauinselfest, das jedes Jahr im Juni stattfindet, zählt mit mehr als zwei Mio. Besuchern zu den größten Musikfestivals weltweit (Eintritt frei). Aber auch für jene, die es gern gemütlicher und weniger laut haben, hat die Hauptstadt mit stylishen Cocktail- und hochwertigen Weinbars aufgerüstet. In den vielen Lokalen in den sogenannten Gürtelbögen, kleinen Bars und Kneipen unter der U-Bahn-Linie 6, wird jeden Tag Livemusik gespielt.

WO WIEN AUSGEHT

Scannen & Auswählen
WIE-21-050

MARCO POLO HIGHLIGHTS

★ **FLEX**
Konzerte und Clubbing: dezibelstarker Szenetreff im U-Bahn-Bunker ➤ S. 102

★ **BURGTHEATER**
Die Burg: Theaterikone und Flaggschiff deutschsprachiger Bühnenkunst ➤ S. 110

★ **GRELLE FORELLE**
Stylisher Undergroundclub ➤ S. 105

★ **THEATER IN DER JOSEFSTADT**
Schauspielkunst für Bildungsbürger, mit innovativen Stücken ➤ S. 111

★ **VOLKSGARTEN DISCO UND PAVILLON**
Schicke Elektro- und Technopartys im Garten mit Polo ➤ S. 106

★ **MUSIKVEREIN**
Tonkunst auf allerhöchstem Niveau mit der Crème de la Crème der Klassik ➤ S. 108

★ **VIE I PEE**
Strenge Türsteher, coole Hip-Hop-Partys ➤ S. 105

★ **STAATSOPER**
Das musikalische Aushängeschild österreichischer Kultur ➤ S. 109

BARS & MUSIKLOKALE

ALBERTINA PASSAGE

Dieser „unterirdische" Club bietet einen Mix aus High-Class-Küche, American Bar, Lounge und Livejazz. Dresscode: stylish. *Dinnerclub Fr/Sa ab 19 Uhr, im Sommer geschl., AP Lounge Bar Do–Sa ab 20 Uhr | Passage Opernring/Operngasse | albertinapassage.at | U 1, 2, 4 Karlsplatz | Innere Stadt | K9*

ARENA

Altgediente Alternativbühne für Oldie-Rock, Punk, Reggae und Techno. *Baumgasse 80 | arena.co.at | Bus 80 A, U 3 Erdberg | Landstraße | P11*

CAFÉ EUROPA

Nicht vom Namen irritieren lassen: Im locker-charmanten, stets gut gefüllten Szenelokal kriegt man auch Bier und Wein oder eine der vielen selbst gemachten Limonaden – bis in die frühen Morgenstunden. *Tgl. 9–5 Uhr (Küche 9–4 Uhr) | Zollergasse 8 | cafeeuropa.at | U 3 Neubaugasse | Neubau | H9*

CHELSEA

Rock, House, Brit- und Indiepop – voll, laut, täglich mehrere tolle DJs, außerdem viele Livekonzerte. Fußballspiele, v. a. der englischen Premier League, werden auf Großbildschirmen gezeigt – der Club heißt nicht umsonst Chelsea. *Mo–Sa 18–4, So 16–3 Uhr | U-Bahnbögen 29–30/Lerchenfelder Gürtel | chelsea.co.at | U 6 Thaliastraße | Josefstadt | G7*

INSIDER-TIPP
Hol dir den Kick

DACHBODEN

Spektakulär ist der Ausblick über Wien bei Sonnenuntergang auf der Terrasse der Bar. Zum Drink gibt's freitags DJ-Line-up. *Tgl. 15–1 Uhr | Lerchenfelder Str. 1–3 | dachbodenwien.at | U 2, 3 Volkstheater | Neubau | J8*

ESPRESSO

Charmante 50er-Jahre-Bar, die sich eher nicht auf Koffeinhaltiges, sondern auf Hochprozentiges wie Kräuterbitter und Gin spezialisiert hat. *Mo–Fr 7.30–1 Uhr, Sa/So 10–1 Uhr | Burggasse 57 | espresso-wien.at | U 2, 3 Volkstheater | Neubau | H9*

FLEX ★

Underground im U-Bahn-Bunker für Liebhaber der Lärmfraktion – von Drum 'n' Bass über Noise und Jungle

WOHIN ZUERST?

Rund um Rudolfs- und Judenplatz *(K–L7)* pulsiert bis in den frühen Morgen das pralle Leben. Weitere Ausgehviertel (die in Wien nicht nach Szenen ausdifferenziert sind): das **Museumsquartier** mit dem benachbarten Spittelberg, der **Bereich des Naschmarkts** – hier insbesondere das Freihausviertel entlang der Schleifmühlgasse – und das **„Grätzl"** um den Margaretenplatz. Viele Bars und Musiklokale liegen auch im **Gürtel-Abschnitt zwischen Lerchenfelder- und Alserstraße** sowie rund um die **Florianigasse**.

Mädels, schnell auf die Terrasse vom Dachboden, Sonnenuntergang schauen!

bis zu Hardcore. *Tgl. 20–4 Uhr, So, Mo bisweilen geschl. | Donaukanalpromenade/Augartenbrücke | flex.at | U 2, 4 Schottenring | Innere Stadt | K6*

FLUC

Pionieradresse des Wiener Partylebens zum Abtanzen und Zuhören, auch originelle Kunstaktionen. *Tgl. 18–4 Uhr | Praterstern 5 | fluc.at | U 1, 2 Praterstern | Leopoldstadt | N6*

HALBESTADT

American Bar mit niedrigem Schickifaktor, feinste Longdrinks. *Di–Do 19–2, Fr/Sa 19–3 Uhr | U-Bahnbogen 155 | vis-à-vis Währinger Gürtel 146 | halbestadt.at | U 6 Nußdorfer Straße | Alsergrund | H5*

LOOSBAR

In der winzigen denkmalgeschützten American Bar ist neben der Architektur vor allem die Cocktailkarte einzigartig. *Tgl. 12–4 Uhr | Kärntner Durchgang 10 | loosbar.at | U 1, 3 Stephansplatz | Innere Stadt | L8*

MIRANDA BAR

Zwischen Hipstertum und Schick: sonnige Pastellfarben wie in Miami Vice, Cocktails wie im Urlaub. *Mo–Do 18–2, Fr–Sa 18–3 Uhr | Esterhazygasse 12 | miranda-bar.com | U 3 Zieglergasse | Bus 13 A Magdalenenstraße | Mariahilf | J10*

PLANTER'S CLUB

Die aufwendig gestaltete Bar mit Kolonialzeitflair erfreut mit einer riesengroßen Auswahl an Getränken. Stärke dich deshalb zuvor nebenan im *Livingstone* mit exotisch-kalifornischen Spezialitäten! *Club Mo–Do 17–2, Fr–Sa 17–3 Uhr, Livingstone Mo–Sa 17–24 Uhr | Zelinkagasse 4 | plantersclub.*

com | Straßenbahn 1, U 2, 4 Schottenring | Innere Stadt | 🕮 *K7*

PORGY & BESS

Jazzfreunde erwartet ein ambitioniertes, internationales Programm, fast jeden Tag mit Livegigs.

INSIDER-TIPP
Abseits des Mainstreams

Die *Strenge Kammer,* eine kleine zweite Bühne, ist montags von 19 bis längstens 20 Uhr ein Raum für musikalische Experimente, Lesungen und Ausstellungen. *Tgl. ab 19.30 Uhr | Riemergasse 11 | porgy.at | U 3 Stubentor | Innere Stadt |* 🕮 *L8*

ROBERTOS BAR

Die plüschig-kuschelige American Bar mit viel Bling-Bling wird von einem riesigem Perlenluster gekrönt, der das ganze Lokal anstrahlt. Die Cocktails sind mindestens genauso glamourös. *Tgl. ab 14 Uhr | Bauernmarkt 11 | robertosbar.at | U 1, 3 Stephansplatz | Innere Stadt |* 🕮 *K8*

SZENE WIEN

Konzerte von experimentell bis rockig, meist mehr aus der harten Abteilung: Punk, Rock, Techno oder Rave. *Hauffgasse 26 | planet.tt | U 3 Enkplatz | Simmering |* 🕮 *P12*

TANZCAFÉ JENSEITS

Aus dem ehemaligen Bordell ist eine plüschig-verruchte Bar geworden, in der Ü-30-Publikum tanzt und ordentlich flirtet. *Di–Sa 20–4 Uhr | Nelkengasse 3 | tanzcafe-jenseits.com | U 3 Neubaugasse | Mariahilf |* 🕮 *J10*

CLUBS & DISKOS

CLUB ROXY

Rotes Leder, rotes Licht: Im 1960er-Jahre-Ambiente wird heftig

Schummrig: Im Tanzcafé Jenseits ist der Plüschfaktor so hoch wie die Flirtbereitschaft

gegroovt. Top-Adresse für Soul, Funk, R 'n' B und Hip-Hop. *Fr/Sa 23–4 Uhr | Faulmanngasse 2/Operngasse | roxy club.org | Straßenbahn 62, 65, U 1, 2, 4 Karlsplatz | Wieden | K10*

DONAU

In die ehemaligen Hallen einer Synagoge ist heute ein angesagter Technoschuppen gezogen. Aufgepasst: Der Eingang zum Club ist so unauffällig, dass du ihn leicht übersehen kannst. *Mo–Do 20–4, Fr, Sa 20–6, So 20–2 Uhr | Karl-Schweighofer-Gasse 10 | donau techno.com | Straßenbahn 49 Stiftgasse | U 2 Museumsquartier | Neubau | J9*

GRELLE FORELLE ★

Wiens einziger cooler großer Undergroundclub für elektronische Musik (der trotzdem stylish ist), mit hochkarätigen internationalen DJs. *Fr/Sa 23–6 Uhr | Spittelauer Lände 12 | grelle forelle.com | U 4, 6 Spittelau | Alsergrund | J4*

PASSAGE

Einer der Top-Tanztempel der Stadt. In der Babenberger Passage unter dem Burgring herrscht cooles Ambiente. Spitzen-DJs legen House, Dancefloor, R 'n' B und vieles mehr auf. *Do ab 22, Fr, Sa ab 23 Uhr | Burgring 3 | club-passage.at | Straßenbahn D, 1, 2, 71 Babenbergerstraße | U 2 Museumsquartier | Innere Stadt | K9*

PRATERDOME

Partystimmung pur herrscht in Österreichs größter Diskothek – mit weiträumigem Tanzbereich und enormer musikalischer Vielfalt. *Do–Sa 22–5 Uhr | Riesenradplatz 7 | praterdome.at | U 1 Praterstern | Leopoldstadt | N6*

PRATERSAUNA

Dass hier in Badehosen und Bikini zu Elektro, House und Techno abgetanzt wird, ist keine Seltenheit. Der stylishe Club wird im Sommer mit seinem großen Garten mit Pool zum Beachclub. *Öffnungszeiten je nach Programm | Waldsteingartenstr. 135 | pratersauna. tv | U 2 Messe | Leopoldstadt | O7*

SASS

Wenn alles andere schon schließt, dann geht die Party im stilvollen Afterhourclub erst richtig los. *Do–Fr 23–6, Sa 23–5, So 6–11 Uhr | Karlsplatz 1 | sassvienna.com | U 1, 2, 4 Karlsplatz | Innere Stadt | K9*

U4

Legendärer Club: Hier fand einst die erste Schwulenparty der Stadt statt. Und schon Stammgast Falco sang in „Ganz Wien" vom U4. Die Exzesse wurden weniger, heute legen DJs verschiedene Musikrichtungen auf: dienstags Studentenparty, mittwochs 90er-Hits, donnerstags Clubbing, freitags Rock, samstags Themenabende. *Di–Sa 22–6 Uhr | Eintritt 10 Euro | Schönbrunner Str. 222 | u4.at | U 4 Meidling Hauptstraße | Meidling | F-G12*

VIE I PEE ★

Zieh dir bitte was Schickes an! Denn die Türsteher in Wiens einzigem Hip-Hop-Club sind streng. *Mi, Fr/Sa 23–6 Uhr | Waldsteingartenstr. 135 |*

vieipee.com | U 2 Messe-Prater | Leopoldstadt | 🕮 O7

VOLKSGARTEN DISCO UND PAVILLON ★

Schöne Menschen, kurze Röcke, gute Stimmung. Im Sommer werden die Partys im großen Garten mit Pool gefeiert (der aber leider nur zum Anschauen da ist). Dort wird an den kleinen romantischen Tischchen zwischen Sträuchern und Blumen schon mal heftig geflirtet. *Disco ganzjährig Mo–Fr 21–6, Sa–So 23–6 Uhr, Pavillon April–Sept. tgl. 11–2 Uhr, Clubbing Do–Sa 23–6 Uhr | Burggarten 1 | volksgarten.at | Straßenbahn D, 1, 46, 49, U 2, 3 Volkstheater | Innere Stadt | 🕮 J8*

WIENER FREIHEIT

Traditionsreicher, behaglicher Treff für Schwule und Lesben. Bar, Café und Gratisdisko auf drei Etagen, manchmal Shows, preisgünstig. *Fr/Sa 21–4 Uhr | Schönbrunner Str. 25 | wienerfreiheit.at | U 4 Pilgramgasse | Margareten | 🕮 J10*

KABARETT & KLEINBÜHNEN

KULISSE

Pionierbühne für engagierte Kleinkunst in einem alten Vorstadtgasthaus. Während der Aufführungen werden Speisen und Getränke serviert. *Rosensteingasse 39 | Tel. 01 4 85 38 70 | kulisse.at | Straßenbahn 2, 9 Mayssengasse | Straßenbahn 43 Rosensteingasse | Hernals | 🕮 F7*

NIEDERMAIR

Kleinbühne, auf der viele Kabarettisten ihre ersten Erfolge feierten, aber auch Stars noch gern auftreten. *Lenaugasse 1A | Tel. 01 4 08 44 92 | niedermair.at | Straßenbahn 2, U 2 Rathaus | Josefstadt | 🕮 J8*

Der Film fängt gleich an! Schnell ins Gartenbaukino und auf die Großleinwand gucken!

STADTSAAL
Die Kabarettbühne bietet Platz für 360 Zuschauer. Hier treten Stars und Nachwuchstalente auf, auch internationale Gastspiele finden statt. (Fast) allabendlich Programm. *Mariahilfer Str. 81 | Tel. 01 9 09 22 44 | stadtsaal.com | U 3 Neubaugasse | Mariahilf | H10*

WUK
Selbstverwaltetes Werkstätten- und Kulturhaus mit Musik- und Tanzaufführungen, Konzerten, Lesungen und Ausstellungen. *Währinger Str. 59 | Tel. 01 40 12 10 | wuk.at | Straßenbahn 5, 33, 37, 38, 40–42 | U 6 Volksoper | Alsergrund | H6*

KINOS

In der warmen Jahreszeit kannst du in zahlreichen Freiluftkinos Filme gucken *(u. a. arena.co.at | kinowienochnie.at | kinoamdach.at | volxkino.at).*

BREITENSEER LICHTSPIELE
Mit Dokus, Arthouse und österreichischen Klassikern gegen den Mainstream – die Breitenseer Lichtspiele, betrieben von der Rentnerin Anna Nitsch-Fitz und immer wieder von der Schließung bedroht, sind ein echtes Juwel. Möglicherweise das älteste dauernd bespielte Kino der Welt, denn seit 1905 flimmern Filme über die Leinwand. Darauf sind die BSL zu Recht stolz. Damit das so bleibt, kauf dir eine Karte für ein garantiert besonderes Erlebnis: einen Stummfilm mit live Klavierbegleitung (läuft oft um 18.30 Uhr an Wochenenden). *Breitenseer Str. 21 | Tel. 01 9 82 21 73 | bsl-wien.at | Straßenbahn 49 | U 3 Hütteldorfer Straße | Penzing | D10*

INSIDER-TIPP
Kino, Komik & Klavier

GARTENBAUKINO
Im Premierenkino mit abwechslungsreichem Programm laufen die Filme auf Großleinwand im Original mit Untertiteln. *Parkring 12 | Tel. 01 5 12 23 54 | Straßenbahn 2, 71, D, U 3 Stubentor | Innere Stadt | L8*

VOTIVKINO
Offkino mit angeschlossenem Café. Viele Filme werden im Original mit Untertiteln gezeigt. Besonderheit: Babykino jeden zweiten Dienstag um 11 und 11.30 Uhr (Kinder bis 12 Monate können mitgebracht werden). Der Saal wird nicht ganz abgedunkelt, der Ton ist etwas leiser als normal, damit der Nachwuchs nicht geweckt wird. *Währinger Straße 12 | Tel. 01 3 17 35 71 | votivkino.at | Straßenbahn D, 1, 37, 38, 40–44, 71, U 2 Schottentor | Alsergrund | J7*

INSIDER-TIPP
Schlaf schön, Baby!

CINEMAGIC
Cinemagic ist ein Programmkino eigens für junge Filmfans ab drei Jahren. Gezeigt wird alles vom Zeichentrickspaß bis hin zu preisgekrönten Kinder- und Jugendproduktionen. Highlight ist alljährlich das Internationale Kinderfilmfestival Mitte November, das in drei Kinos stattfindet. *Uraniastr. 1 | Tel. 01 4 00 08 34 00 | cinemagic.at | Straßenbahn 1, 2 Juli-*

Scannen & Auswählen
WIE-21-053

Sehnsuchtsort Staatsoper: Wer hier auftritt, hat es geschafft

us-Raab-Platz | U 1, 4 Schwedenplatz | Innere Stadt | M7

FILMMUSEUM ☂

Hier bekommen Cineasten Zelluloidraritäten aus aller Welt zu sehen. *Sommerpause Juli/Aug. | Augustinerstr. 1 | Tel. 01 5 33 70 54 | filmmuseum.at | Straßenbahn D, 1, 2, U 1, 2, 4 Karlsplatz | Innere Stadt | K8*

TOP KINO

Ein Offkino mit anspruchsvollem Programm und hohem Mehrwert als Gastroszene-Treff.

INSIDER-TIPP
Immer wieder sonntags …

Jeden Sonntag gibt's Frühstück à la carte. Dann kostet der Eintritt nur 3, 20 Euro für den Mittagsfilm! *Küche tgl. bis 23 Uhr, Top-Bar Mo–Sa, So 10.30–24 Uhr | Rahlgasse 1 | Tel. 01 2 08 30 00 | topkino.at | Bus 57 A Rahlgasse | U 1, 2 Museumsquartier | Mariahilf | K9*

KONZERTE

KONZERTHAUS

In dem strahlend weißen Jugendstilbau sind in erster Linie die klassische Moderne – Mahler, Bartók, Strawinsky – sowie die zeitgenössische Musik zu Hause. Aber auch alle anderen Stilrichtungen von Barock und Renaissance bis hin zu Pop und Jazz werden hier regelmäßig gepflegt. Stammorchester sind die Wiener Symphoniker. *Lothringer Str. 20 | Tel. 01 24 20 02 | konzerthaus.at | Straßenbahn D, 71, U 4 Stadtpark | Landstraße | L9*

KURSALON

Solide dargebrachte, beschwingte Melodien im Dreivierteltakt von Lanner, Strauß & Co. erklingen in diesem Vergnügungspavillon am Rand des Stadtparks. *Johannesgasse 33 | Kartentel. 01 5 12 57 90 | kursalonwien.at | Straßenbahn 2, U 4 Stadtpark | Landstraße | L9*

MUSIKVEREIN ★

Im prunkvollen „Goldenen Saal", dem Konzertsaal mit der wahrscheinlich besten Akustik der Welt, gaben sich neben Bruckner, Mahler und Strauß oder Karajan alle Großen der letzten 130 Jahre die Ehre. Bis heute tritt hier, wo auch die Wiener Philharmoniker beheimatet sind, die Crème de la Crème der internationalen Orchester,

Dirigenten und Solisten auf. Vier kleinere, hypermoderne Konzertsäle im Kellergeschoss. *Musikvereinsplatz 1 | Tel. 01 5058190 | musikverein.at | Straßenbahn D, 1, 2, 62, 71, U 1, 2, 4 Karlsplatz | Innere Stadt | L9*

RADIO-KULTURHAUS

Fast täglich gibt es Konzerte aller Musikrichtungen, Lesungen, Diskussionen etc. im Großen Sendesaal des ORF-Hörfunks. *Argentinierstr. 30a | Tel. 01 50170377 | radiokulturhaus.orf.at | U 1 Taubstummengasse | Wieden | L10*

OPER, OPERETTE, MUSICAL

L.E.O.

Verdi, Puccini und Co. in Minimalversion für zwei Solisten plus Piano und dem Publikum als Chor im „Letzten Erfreulichen Operntheater" – das ist wienerische Kleinkunst mit allerhöchstem Charmefaktor! Nur für Gruppen. *Ungargasse 18 | Tel. 0680 3354732 | theaterleo.at | U 4 Landstraße/Wien Mitte | Landstraße | M9*

RAIMUNDTHEATER

Früher eine Bühne für Operetten, werden heute Musicals wie „Die Schöne und das Biest" oder „Das Phantom der Oper" aufgeführt. *Wallgasse 18–20 | Tel. 01 588301010 | Kartenbestellung Tel. 01 58885 | musicalvienna.at | Straßenbahn 6, 18, U 6 Gumpendorfer Straße | Mariahilf | G11*

RONACHER

Musicals und Varieté im wunderschön im Stil der Belle Époque renovierten Etablissement, vor allem Gastspielproduktionen. *Seilerstätte 9 | Tel. 01 588301010 | Kartenbestellung Tel. 01 58885 | musicalvienna.at | U 1, 3 Stephansplatz | Innere Stadt | L8*

STAATSOPER ★

Das „Haus am Ring" symbolisiert wie sonst höchstens noch der Musikverein Wiens Rang als Musikmetropole. Seit der Eröffnung 1869 standen hier so

GOLDENE KEHLEN: DIE WIENER SÄNGERKNABEN

Die Wiener Sängerknaben singen von Mitte September bis Ende Juni an allen Sonntagen sowie am Weihnachtstag zur Messe in der *Burgkapelle der Hofburg (Zugang Schweizerhof | Innere Stadt | K8)*; sie treten dort gemeinsam mit den Wiener Philharmonikern und dem Herrenchor der Wiener Staatsoper auf (Beginn: 9.15 Uhr). Kartenbestellungen über die *Hofmusikkapelle (Tel. 01 5339927 | hofmusikkapelle.gv.at bzw. culturall.com/ticket/hmk)*. Außerdem kannst du die Wiener Sängerknaben im akustisch viel gepriesenen *Konzertsaal für Musik und Theater („MuTh") (Am Augartenspitz 1 | Tel. 01 3478080 | muth.at, allgemeine Info: wsk.at | U 2 Taborstraße | Leopoldstadt | L6)* erleben. Dort finden auch Rock- und Jazzkonzerte sowie Kulturveranstaltungen statt.

Scannen & Auswählen
WIE-21-054

gut wie alle großen Opernsängerinnen und -sänger der Welt auf der Bühne und Stardirigenten am Pult. Nach wie vor wird vom 1. September bis zum 30. Juni fast täglich ein anderes Werk gegeben. Hausorchester sind die Wiener Philharmoniker. Karten kosten zwischen 3 Euro (Stehplätze) und 287 Euro. Um stundenlanges Schlange stehen zu vermeiden, ist es ratsam, Wunschkarten im Voraus schriftlich beim Bundestheaterverband zu bestellen (s. S. 148). Kurzfristig fündig wirst du eventuell in den Kartenbüros, die häufig über Restkontingente verfügen.

Höchst erfolgreich ist der Zubau auf der Dachterrasse, der für die Aufführung von Kinderopern dient.

INSIDER-TIPP
Große Oper ganz umsonst

In der warmen Jahreszeit (April, Mai, Juni und Sept.), aber nicht während der Sommerpause, werden an der Ostseite des Gebäudes gratis Aufführungen live auf Großleinwand übertragen. *Opernring 2 | Tel. 01 51 44 40 | staatsoper.at | Bus 59 A, Straßenbahn D, 1, 2, 62, 65, 71, U 1, 2, 4 Karlsplatz | Innere Stadt | K9*

VOLKSOPER

Die „kleine" Schwester der Staatsoper ist zuständig für Spieloper, Singspiel und Operette und dabei von beinahe gleichwertiger Qualität. *Währinger Str. 78 | Tel. 01 51 44 40 | volksoper.at | Straßenbahn 40–42, U 6 Währinger Straße/Volksoper | Alsergrund | H6*

WIENER KAMMEROPER

Die Wiener Kammeroper ist bekannt für ihre frechen, manchmal recht unkonventionellen Inszenierungen mit – bisher noch – wenig bekannten Sängern und Sängerinnen. In den Sommermonaten zieht die Truppe regelmäßig nach Schloss Schönbrunn ins Schlosstheater. *Fleischmarkt 24 | Tel. 01 5 88 85 | theater-wien.at | Bus 2 A, U 4 Schwedenplatz | Innere Stadt | L7; Schönbrunner Schlosstheater | Tel. 01 8 12 50 04-0 | Straßenbahn 58 | U 4 Schönbrunn | Hietzing | D–E12*

THEATER AN DER WIEN

In diesem 1801 eröffneten Bühnenbau erklang zum ersten Mal Beethovens „Fidelio". Aber auch zahlreiche Sprechstücke von Kleist, Grillparzer, Raimund und Nestroy sowie Operetten von Strauß, Suppé, Millöcker, Zeller, Lehár, Kálmán und anderen wurden hier uraufgeführt. Seit einigen Jahren wird das Theater an der Wien wieder ganzjährig als Opernhaus bespielt. *Linke Wienzeile 6 | Tel. 01 5 88 85 | theater-wien.at | U 4 Kettenbrückengasse | U 1, 2, 4 Karlsplatz | Mariahilf | K9*

THEATER

BURGTHEATER ★

Das Flaggschiff der deutschen Sprechkunst ist ein Garant für klassisches und zeitgenössisches Theater auf höchstem Niveau. In der Ära Claus Peymann (1989–99) erlebte „Die Burg" so manchen Sturm. Nachdem unter der Leitung von Matthias Hartmann ein Finanzskandal das Burgtheater erschütterte, übernahm Karin Bergmann 2014 die Direktion. Intendant seit der Spielzeit 2019/2020 ist

Roter Teppich für dich: In der glanzvollen „Burg" wirst du Teil vom großen Theater

Martin Kušej, der davor das Münchner Residenztheater leitete. Guter Buchladen im Foyer! *Universitätsring 2 | Tel. 01 51 44 40 | burgtheater.at | Straßenbahn D, 1, 71, U 3 Herrengasse | Innere Stadt | J–K8*

AKADEMIETHEATER

In dieser Dependance des Burgtheaters, die sich mit dem großen Bruder das Ensemble teilt, kommen vor allem Klassiker des 20. Jhs. und Zeitgenössisches zur Aufführung. *Lisztstr. 1 | Tel. 01 51 44 40 | burgtheater.at | Straßenbahn D, 2 Schwarzenbergplatz | U 4 Stadtpark | Landstraße | L9*

THEATER IN DER JOSEFSTADT ★

Dieser Hort des gepflegten Konversationsstücks und des Boulevardtheaters mit Ausflügen in Klassik und Zeitgenössisches zeigt zunehmend auch innovativere Stoffe und Inszenierungen. *Josefstädter Str. 26 | Tel. 01 42 70 03 00 | josefstadt.org | Straßenbahn 2 Lederergasse | Bus 13 A Theater in der Josefstadt | U 2 Rathaus | Josefstadt | H8*

VIENNA ENGLISH THEATRE

Die kleine, aber feine Bühne bringt gehobene Boulevardstücke bis Classical Theatre auf die Bretter, die die Welt bedeuten – natürlich alles in englischer Sprache. *Josefsgasse 12 | Tel. 01 40 21 26 00 | englishtheatre.at | Straßenbahn 2, U 2 Rathaus | Josefstadt | J8*

VOLKSTHEATER

Traditionsreiche Bühne mit großem Repertoire und Ensemble sowie gesellschaftskritischem Anspruch. *Arthur-Schnitzler-Platz 1 | Tel. 01 52 11 10 | volkstheater.at | U 2, 3 Volkstheater | Neubau | J9*

Scannen & Auswählen
WIE-21-055

AKTIV & ENTSPANNT

Im Sommer ein Hotspot: Auf zum Badeschiff am Donaukanal!

SPORT, SPASS & WELLNESS

Die halbe Stadt ist grün. Im Sommer zieht es die Wiener in den Prater oder auf die Donauinsel, sie spannen Slacklines in den Parks und lassen Frisbees tief fliegen. Und in der kalten Jahreszeit füllen sich die Sporthallen.

WASSERSPORT

Wo genießt man den Sommer am besten? Genau, am Wasser. Direkt an der U-Bahn-Linie 1 findest du die idyllische *Alte Donau (alte-donau.info | U 1 Alte Donau)*, einen herrlich altmodischen Freizeitbetrieb mit Strandbädern, Ausflugslokalen und Bootsverleih. Am Ende der Alten Donau gibt es einen Wakeboardlift *(Am Wehr 1 | wakeboardlift.at)*, dort werden auch Kurse angeboten. Nahe der U-1-Station Donauinsel vergnügen sich die Wiener bei der Segelschule *Hofbauer (An der oberen Alten Donau 191 | hofbauer.at)* auch beim Stand-up-Paddeln, und Wellenreiten wie auf Hawaii geht beim Wakesurfen bei der *Marina Wien (Handelskai 343 | danubesurfer.com)*, ganz in der Nähe der U-2-Station Donaumarina.

JOGGEN

Beliebte Strecken für Jogger und Nordic Walker sind die 4,4 km lange Hauptallee im Prater *(sport-oesterreich.at/prater-hauptallee | U 1, U 2 Praterstern)* und die Wege auf der 21 km langen Donauinsel *(wien.gv.at/umwelt/gewaesser/donauinsel | je nach Abschnitt U 1 Donauinsel, U 2 Donaustadtbrücke, U 6 Neue Donau)*, sowie im Stadt-, Türkenschanz- und Schönbrunner Schlosspark *(mehr Infos unter runningcheckpoint.at)*.

HALLENSPORT ☂

Badminton, Volleyball, Basketball, Tischtennis, Soccer und Tischfußball – das bieten die drei *Sports &*

Lauf schön und genieß die frische Herbstluft im Schönbrunner Schlosspark

Fun-Hallen der Stadt Wien *(tgl. | Eintritt 4 Euro | wien.gv.at/freizeit/sportamt/sportstaetten)*. Tennis oder Squash spielen kannst du im *Club Danube (clubdanube.at)*, Bouldern im Edelweiss-Center *(edelweiss-center.at)*, der Boulderbar *(boulderbar.net)* oder der Blockfabrik *(blockfabrik.at)*.

OUTDOOR-KLETTERN

Schon mal einen Flakturm hochgeklettert? Kannst du an der 34 m hohen Wand im 6. Bezirk *(flakturm-klettern.at | U 3 Neubaugasse)*. Wen Kletterparks mehr reizen, hat drei zur Auswahl: den *Hochseilklettergarten am Gänsehäufel (hochseilklettergarten.at)*, den *Donauinsel-Kletterpark (kletterpark-donauinsel.at)* und den *Waldseilpark Kahlenberg (waldseilpark-kahlenberg.at | Bus 38 A Elisabethwiese)*. Dort balancierst du auf Seilbrücken in bis zu 20 m Höhe, wackelst über Netze und schwingst dich von Baum zu Baum.

WANDERN

Wien und wandern – ja, das passt zusammen. 240 km Wegstrecke führen durch und um die Stadt. Karten in der App „Stadt Wien live". Wegen der Aussicht beliebt ist der Stadtwanderweg 1 *(Start bei Straßenbahn D, Endstation Nußdorf)*: Durch Weinberge geht es zum Kahlenberg, dem höchsten Punkt der Stadt. Und der *Rundumadum*-Wanderweg führt, erraten: einmal um Wien .

INSIDER-TIPP
Komm an die Grenzen!

THERME

Erholungsbedürftig? Dann mach dich auf den Weg in die moderne *Therme Wien (Mo–Sa 9–22, So 8–22 Uhr | Eintritt ab 20 Euro | Kurbadstr. 14 | thermewien.at | U 1 Oberlaa)*. Solarien, Saunen, Duftgrotten, Gyms, Beautysalons und eine weitläufige Poollandschaft sorgen am südöstlichen Stadtrand für Wohlbefinden.

FESTE & EVENTS

JANUAR/FEBRUAR

1. Jan.: **Neujahrskonzert** mit den **Wiener Philharmonikern** *(Tel. 01 5 05 65 25)* im Goldenen Saal des Musikvereins *(L9)*. Verlosung von Kaufkarten jeweils im Januar über *wienerphilharmoniker.at*

Anfang Januar–Ende Februar: **Faschings- und Ballsaison**. Mehr als 200 festliche Bälle in prunkvollen Sälen

Zweite Januarhälfte: **Resonanzen**. Festival für alte Musik *(Konzerthaus | Kartentel. 01 24 20 02 | konzerthaus.at | L9)*

MÄRZ–MAI

Karwoche/Osterwochenende: **OsterKlang** *(Kartentel. 01 5 88 85)*. Spitzenmusiker, darunter die Wiener Philharmoniker, spielen Besinnliches und Festliches.

Anfang–Mitte April: **Ostermarkt** im Schloss Schönbrunn *(D–E12)*. Mehr als 70 Aussteller präsentieren Kunsthandwerk, Osterschmuck und Kulinarisches *(ostermarkt.co.at)*.

Mitte April–Anfang Mai: **Frühlingsfestival** im Konzerthaus oder alternativ im Musikverein *(Kartentel. 01 24 20 02 | konzerthaus.at | L9)*

APRIL–JUNI

Vienna City Marathon *(Tel. 01 6 06 95 10 | vienna-marathon.com)*. Lauf von der Reichsbrücke bis zum Heldenplatz

Anfang Mai–Mitte Juni: **Wiener Festwochen** *(Kartenvorbestellung: Wiener Festwoche | 1060 Wien | Lehárgasse 11 | Tel. 01 5 89 22 22 | per Kreditkarte: Tel. 01 5 89 22 11 | festwochen.at)*. Aktuelle Bühnenkunst aus aller Welt, aufgeführt an Dutzenden von Orten

Ende Mai: **Lifeball** *(Tel. 01 5 95 56 00 | lifeball.org)*. Europas größtes Aids-Charity-Event mit glamourösem, frei

Megaparty Donauinselfest: Auf 10 Bühnen und in 18 Zelten ist was los

zugänglichem Showspektakel auf dem Rathausplatz *(🕮 J8)*.

Ende Juni: **Donauinselfest** *(do nauinselfest.at | 🕮 O–P5)* – drei Tage lang wird bei Musik, Sport und Kabarett gefeiert. Wach bleiben lohnt sich: Bei Europas größtem Open-Air-Musikfestival ist der Eintritt frei.

JULI–SEPTEMBER

Anfang Juli: **Jazzfest** *(Kartentel. 01 7 12 42 24 | viennajazz.org)*. Auf den Straßen, in Clubs und in der Staatsoper *(🕮 K9)*

Anfang Juli–Mitte August: **ImPulsTanz – Vienna International Dance Festival** *(Kartentel. 01 5 23 55 58 | im pulstanz.com)*. Zeitgenössische Avantgarde aus aller Welt

Juli/August: **Filmfestival am Rathausplatz** *(filmfestival-rathausplatz.at | 🕮 J8)*. Opern- und Ballettinszenierungen sowie Konzertmitschnitte auf Großleinwand

Ende Juli: **Popfest** *(popfest.at)*. Etablierte und Newcomer spielen an drei Tagen kostenlos vor der Karlskirche *(🕮 L9)*.

OKTOBER

Lange Nacht der Museen. 90 Museen bis 1 Uhr früh für ein Ticket

Viennale *(Tel. 01 5 26 59 47 69 | vien nale.at)*. Internationale Filme

Ende Oktober–Ende November: **Wien Modern** *(Tel. 01 24 20 02 | Tel. 01 5 05 81 90 | wienmodern.at)*. Musik des 20. Jhs. wird im Musikverein *(🕮 L9)* und im Konzerthaus *(🕮 L9)* gespielt.

NOVEMBER/DEZEMBER

Adventsmärkte an 27 Plätzen

31. Dez.: **Silvesterpfad** *(silvesterpfad.at)* mit Ständen, Musikbühnen und Tanzzelten in der Innenstadt. Höhepunkt: Läuten der Riesenglocke des Stephansdoms *(🕮 L8)*

SCHÖNER SCHLAFEN

NEUE HEIMAT

Im *Magdas (88 Zi. | Laufbergergasse 12 | Tel. 01 7200288 | magdas-hotel.at | U 1, 2 Praterstern | € | Leopoldstadt | N7)* ist die Nächstenliebe zu Hause. Früher war das Gebäude beim grünen Prater ein Altersheim, heute ist es ein Hotel, das von Flüchtlingen geführt wird. Davon abgesehen, dass du Gutes tust, wenn du im Magdas übernachten: Das Up-Cycling-Design des Hotels ist sehr schick, im verwunschenen Garten mit seinen großen Bäumen sitzt man gern und trinkt einen Kaffee. Es lohnt ein Blick auf die aktuellen Angebote der Website. Manchmal gibt's Rabatt, wenn du mit der Bahn kommst.

INSIDER-TIPP
Ökologisch kommen, sozial bleiben

SAUER MACHT LUSTIG

Nicht nur die Essige der Wiener Manufaktur Gegenbauer sind zum Reinlegen. Den ersten Stock seiner Fabrik hat das Familienunternehmen zum Hotel *Wiener Gäste Zimmer (5 Zi. | Waldgasse 3 | Tel. 01 6041 08 80 | gegenbauer.at | Bus 14 A Wielandplatz | U 1 Keplerplatz | €€ | Favoriten | 0)* mit fünf wild-industrieromantischen Zimmern umgebaut. Zum Frühstück gibt's nur Eigenprodukte: vom Kaffee aus der firmeneigenen Rösterei über Honig und Brot bis zum selbst gebrauten Apfelsaft. Mach unbedingt eine Führung durch die Fabrik!

STRAND STATT PFLASTER

Ein ruhiger Ort am Wasser und trotzdem verkehrsgünstig an der U-Bahn gelegen? Das freundlich geführte Familienhotel *Strandhotel Alte Donau (29 Zi. | Wagramer Str. 51 | Tel. 01 2044040 | strandhotel-alte-donau.at | U 1 Alte Donau | € | Donaustadt | Q2)* liegt am Rand des Erholungsgebiets Alte Donau und bietet genau

Träumst du von einem eigenen Laden? Im Grätzlhotel wird der Traum wahr

das, inklusive eigenem Badestrand und grünem Gastgarten. Kinder sind willkommen!

VOM TISCH INS BETT

Ein idyllisch-grünes Kleinod – und das mitten in Wien. In *Schreiners Gastwirtschaft (5 Zi. | Westbahnstr. 42 | Tel. 0676 4754060 | schreiners.cc | U 6 Burggasse-Stadthalle | €€ | Neubau | H9)* wird nicht nur exzellentes Essen serviert. Die Gäste können gleich neben der Wirtschaft in Zimmern mit Balkon oder Terrasse übernachten. Über das kleine Anwesen mit Sauna wacht der „Haus- und Hofhund".

WOHNWAGEN MIT KOMFORT

Ein silberner Trailer aus den 50er-Jahren steht im Garten des Hotel Daniel *(116 Zi. | Landstraßer Gürtel 5 | Tel. 01 901310 | hoteldaniel.com | Straßenbahn D | U 1 Hauptbahnhof | €€ | Landstraße | M11).* Buch die Übernachtung im 16 m² großen Wohnwagen, der luxuriös mit Badewanne, Waschbecken, Klimaanlage, Heizung, TV und WLAN ausgestattet wurde, rechtzeitig!

EIN BETT IN DER AUSLAGE

Grätzl – so nennt man in Wien ein Stadtviertel. Im *Grätzlhotel (Kontakt: Urbanauts Hospitality GmbH | Tel. 01 2083904 | graetzlhotel.com | €€)* wurden ehemalige Geschäftslokale zu Unterkünften umgestaltet. Du kannst in vier lebendigen Stadtvierteln Wien erkunden und bist mittendrin: am Meidlinger Markt in Meidling *(0)*, am Karmelitermarkt in Leopoldstadt *(L7)*, im Karolinenviertel nahe dem Schloss Belevedere *(L11)* und im Bezirk Neubau an der Ecke Neustiftgasse/Neubaugasse *(H9)*. Deine Nachbarn sind nicht andere Hotelgäste, sondern Bars und Cafés, Restaurants und Geschäfte.

ERLEBNIS TOUREN

Lust, die einzigartigen Facetten der Stadt zu entdecken? Dann sind die Erlebnistouren genau das Richtige für dich! Ganz einfach wird es mit der MARCO POLO Touren-App: Die Tour über den QR-Code aufs Smartphone laden – und auch offline die perfekte Orientierung haben.

Kunstpause? Im riesigen Museumsquartier findest du immer ein Ruheplätzchen

Einfach QR-Code scannen und alle Karten & Infos zu unseren Touren auch unterwegs parat haben!

go.marcopolo.de/wie

DIE ERLEBNISTOUREN IM ÜBERBLICK

Floridsdorf
A22
Brünner Str.
Siemensstr.
Eipeldauer Str.
Heiligenstädter Str.
Neue Donau
Donau
Donaufelder Str.
Handelskai
Brigittenauer Lände
Alte Donau
Brigit-tenau
Leopoldstadt modernes Wien und Prater
UNO-City
Dresdner Str.
3
Donau-stadt
Universitäts-zentrum
treise ins ittelalter: Durch das istorische Herz
Augarten
Obere Donaustr.
Reichsbrücke
Lassallestr.
A23
Leopold-stadt
Messegelände
1
Weißgerberlände
2
Rath.
Hof-burg
Stephans-dom
nent
Parkring
Stadt-park
Staats-oper
Landstraßer Hauptstr.
Hauptallee
Prater
Handelskai
Erdberger Lände
tangente
Rechte Wienzeile
Renn-weg
Wieden
Margareten
Landstraßer Gürtel
Wiedner Gürtel
Haupt-bahnhof
Südost-
Simmeringer Hauptstr.
Landstraße
Simmering
Gudrun-str.
Str.
Favoritenstr.
Favoriten
1 km
0.62 mi

1 WIEN PERFEKT IM ÜBERBLICK

- ➤ **Prunkbauten am Ring: Sightseeing mit der Straßenbahn**
- ➤ **Ein Paradekaffeehaus und Kunst im Megapack erleben**
- ➤ **Das ist Wien: Schönbrunn, Stephansdom und Staatsoper**

Staatsoper — Loosbar

20 km — 1 Tag, reine Gehzeit 6–7 Stunden

Kosten: ca. 80 Euro/Person (Tageskarte, Essen, Eintritte ohne Theater oder Oper)
Start- und Zielpunkt sind direkt ans öffentliche Verkehrsnetz angebunden. Deshalb: Lass das Auto unbedingt in der Garage stehen!
Die letzten U- und Straßenbahnen fahren an Werktagen zwischen 23.30 und 0.30 Uhr, am Wochenende durchgehend, außerdem gibt es Nachtbuslinien.
1 Staatsoper: Am besten vorab Karten bestellen!

1 Staatsoper

2 Ringstraße

3 Sperl

EINMAL UM DEN RING MIT DER STRASSENBAHN FAHREN

Früh aufstehen lohnt sich! Am besten noch vor der Rushhour solltest du – schräg gegenüber der 1 Staatsoper ➤ S. 33, 109 – eine *Straßenbahn der Linie 1 besteigen*. Eine schönere Einstimmung auf die Pracht der alten Habsburgermetropole ist kaum möglich. Die 2 Ringstraße ➤ S. 30 entlangfahrend, siehst du die im Morgenlicht strahlenden Prunkbauten – Natur- und Kunsthistorisches Museum, Parlament, Rathaus, Burgtheater, Universität. Später rollst du den Donaukanal entlang. *Bei der Urania steigst du in die Linie 2 um und vollendest, vorbei am Stadtpark, den Kreis an der Ringstraße entlang.*

VOM KAFFEEHAUS ZUM BAUCH VON WIEN

Es folgt eine Stärkung in einem Paradekaffeehaus, dem 3 Sperl *(tgl. | Gumpendorfer Str. 11)*, das du in *kurzem Fußmarsch über den Schillerplatz* erreichst. Bestell eine Melange samt *rescher* (knuspriger) Kaisersemmel und Ei im Glas. Danach geht's durch die Girardigasse hinunter in den „Bauch von Wien", den ❹ Naschmarkt ➤ S. 95. Hier stapeln sich Berge von Obst, Gemüse und Delikatessen aus aller Welt. Nicht nur schön zum Anschauen, da und dort solltest du auch eine kleine Köstlichkeit probieren.

❹ Naschmarkt

DURCH SCHLOSS SCHÖNBRUNN SCHLENDERN

Von der *Station Kettenbrückengasse* am westlichen Endpunkt des Naschmarkts aus bringt dich die U 4 in

Rundfahrt um den Ring: Mit der Straßenbahn rollst du gemütlich durchs Zentrum

wenigen Minuten hinaus nach ❺ Schönbrunn ➤ S. 64. Lass dir eine Führung durch die Prunkräume des Schlosses nicht entgehen – und gönn dir auch einen Spaziergang durch den weitläufigen Schlosspark hinauf zur Gloriette. Wer Lust und Zeit hat, kann noch einen Abstecher in den Tiergarten ➤ S. 65 unternehmen, immerhin der älteste der Welt.

❺ Schönbrunn

MITTAGESSEN IM MQ

Grummelt schon der Magen? *Zurück in der City (Tram 60, danach U 3 Volkstheater)*, lockt das Museumsquartier ➤ S. 51 mit etlichen Lokalen. Das trotz feiner Kost erschwingliche ❻ Halle Café-Restaurant ➤ S. 76 mit

❻ Halle Café-Restaurant

Blick auf den MQ-Innenhof bietet sich für einen luftigen Lunch an. Zeit für eine Wien-Erinnerung? Vier Fotos, ein Streifen, schwarz-weiß: Direkt neben dem Haupteingang kannst du dich im Fotoautomat verewigen.

INSIDER-TIPP
Selfie, aber analog

7 Kunsthistorisches Museum

ALTE MEISTER UND JUNGE KUNST ERLEBEN

Wer Kunst liebt, ist bereits am richtigen Ort: Das **7 Kunsthistorische Museum** ➤ S. 35 lohnt, in nur zwei Gehminuten *über den Museums- und den Maria-Theresien-Platz* erreichbar, mit einer Vielzahl an Alten Meistern der allerfeinsten Qualität. Bewunderer von Schiele, Klimt & Co. bleiben vielleicht lieber im Museumsquartier und gehen ins **Leopold-Museum** ➤ S. 52. Und wer eher Zeitgenössisches bevorzugt, pilgert stattdessen ins benachbarte **Museum Moderner Kunst** ➤ S. 52.

8 Heldenplatz
9 Kärntner Straße

SCHICK SHOPPEN

Lust auf einen Einkaufsbummel? Dann überquer den **8 Heldenplatz** ➤ S. 36 und schlender *durch die Stallburg- und ihre Seitengassen* zur **9 Kärntner Straße**. Hier gibt's ausgesuchte Mode und Handwerk, dementsprechend tief musst du in die Tasche greifen.

10 Stephansdom

RUNTER IN DIE KATAKOMBEN UND RAUF AUF DEN TURM

Bist du bereit für Wiens Wahrzeichen Nummer eins? Der **10 Stephansdom** ➤ S. 44 entpuppt sich außen wie innen als Wunderwerk der Gotik. Du kannst in die Katakomben hinabsteigen oder, erhebender, in die Türmerstube des Südturms hinauf – mit wunderbarem Ausblick auf Wien. Ebenfalls herrlich ist das Stadtpanorama von der per Lift erreichbaren Terrasse des Nordturms.

11 Peterskirche

BAROCKE PRACHT UND EIN PRACHTCAFÉ

Beim Bummel *nordwestwärts über Graben, Hof und Freyung zum Schottenring* siehst du weitere Gotteshäuser wie die barocke, im Inneren farbenprächtige **11 Peterskirche**. Auf halber Strecke lohnt ein Abstecher in

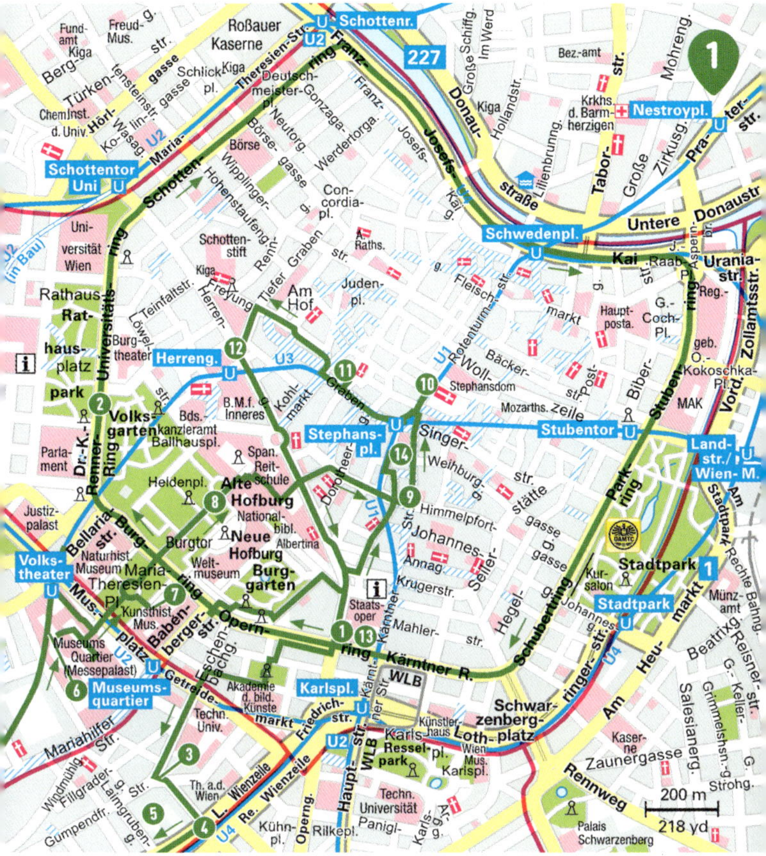

die Einkaufspassage des ⑫ Palais Ferstel ➤ S. 46. Dort kannst du, wenn ein Platz frei ist, im Café Central ➤ S. 74 zu Abend essen.

⑫ Palais Ferstel

IN DIE OPER ODER INS THEATER?

Für Musikfans steht jetzt ein Besuch in der ⑬ Staatsoper ➤ S. 33, 109 auf dem Programm, die du *durch die Herrengasse und Augustinerstraße in wenigen Minuten* erreichst. Gehst du lieber ins Theater? Dann besorg dir alternativ Tickets für das renommierte Burgtheater ➤ S. 40, 110 oder dessen Ableger, das Akademietheater ➤ S. 111.

⑬ Staatsoper

⑭ Loosbar

NIGHTLIFE: JUGENDSTILBAR & SPITZENCLUB

In der ⑭ Loosbar ➤ S. 103, erreichbar *über die Kärntner Straße vis-à-vis Weihburggasse*, können Ästheten bis in den frühen Morgen gute Drinks und authentisches Jugendstilambiente genießen. Wer lieber tanzen will, und das mit Schick und Spitzen-DJs, sollte unter dem Asphalt der Ringstraße die Passage ➤ S. 105 aufsuchen.

❷ ZEITREISE INS MITTELALTER: DURCH DAS HISTORISCHE HERZ

- ➤ **Uralte Kirchen, krumme Gässchen, verträumte Innenhöfe**
- ➤ **Hofburg und Heldenplatz: das Zuhause der Habsburger entdecken**
- ➤ **Durchs Sisi-Museum schlendern und Sachertorte schlemmen**

Stephansdom

Café Sacher

7 km

6–7 Stunden, reine Gehzeit 1 ½–2 Stunden

Im ㉑ **Café Sacher** kann es gut sein, dass du für einen Platz anstehen musst.

① Stephansdom

② Schatzkammer des Deutschen Ordens

STEPHANSDOM & SCHATZKAMMER

Beginne beim Mittelpunkt und wohl bekanntesten Wahrzeichen Wiens – dem ① Stephansdom ➤ S. 44. Das Kirchenschiff kannst du gratis bewundern. Du kannst aber auch (für 5 Euro) die 343 Stufen des Südturms erklimmen oder dich mit dem Lift (für 6 Euro) auf den Nordturm bringen lassen. Nach der Besichtigung gelangst du von der südöstlichen Ecke des Stephansdoms *mit wenigen Schritten zur Singerstraße*. Hier, in der Hausnummer 7, lohnt es sich, der ② Schatzkammer des Deutschen Ordens *(Di/Do und Sa 10–12, Mi/Fr 15–17 Uhr | Eintritt 5 Euro)* mit ihren Messgeräten, Prunkgefäßen und Waffen einen Besuch abzustatten.

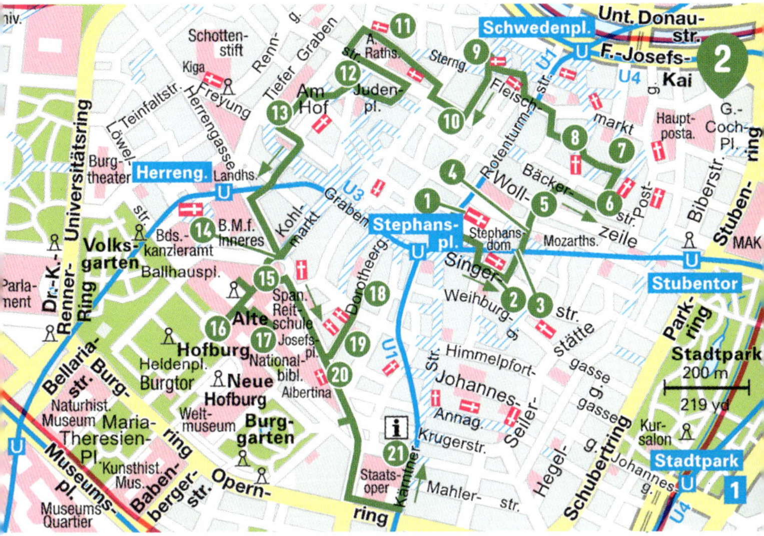

WIENER BLUT & MOZART

Gleich an der nächsten Ecke zweigst du nach links in die ❸ **Blutgasse** ab – ein mustergültig saniertes Viertel mit Kopfsteinpflasterung, uralten Gebäuden und manch verträumtem Innenhof. Am Ende der Gasse lädt das ❹ **Mozarthaus** ➤ S. 50, in dem der berühmte Komponist den Figaro und andere Hauptwerke schrieb, zu Erkundungen ein.

❸ Blutgasse

❹ Mozarthaus

KUCHEN & KIRCHEN

Weiter führt der Weg durch schmale Gässchen *über die Schulerstraße in die Wollzeile.* Zweites Frühstück gefällig? Das ❺ **Café Diglas** *(Mo–Fr 8–22.30, Sa–So 9–22.30 Uhr | Wollzeile 10)* bietet sich an – und in großer Auswahl herrliche Kuchen obendrein. Gestärkt *gelangst du mit wenigen Schritten in die über ihre ganze Länge von malerisch-alten Fassaden gesäumte Bäckerstraße und auf dieser ostwärts zum Dr.-Ignaz-Seipel-Platz,* einem der eindrucksvollsten Plätze der Stadt. Die frühbarocke, doppeltürmige Fassade an seiner Nordseite gehört zur ❻ **Jesuitenkirche** ➤ S. 50. Versäume keinesfalls, dir in ihrem Inneren von der illusionistischen Deckenmalerei, einem hochbarocken Meister-

❺ Café Diglas

❻ Jesuitenkirche

❼ Schönlaterngasse

❽ Heiligenkreuzer Hof

❾ Ruprechtskirche

❿ Hoher Markt

⓫ Maria am Gestade

⓬ Mahnmal für die österreichischen jüdischen Opfer der Schoah

⓭ Am Hof

werk des Italieners Andrea Pozzo, den Kopf verdrehen zu lassen! In dem Prachtbau zur Linken, der Aula der Alten Universität, ist Österreichs Akademie der Wissenschaften zu Hause.

VON DER HINTERHOFOASE ZUM BERMUDADREIECK

Nun ein Stückchen durch die Sonnenfelsgasse, dann nach rechts, und du befindest dich in der auffallend krummen ❼ **Schönlaterngasse**. Am **Haus Nr. 7** erinnert ein seltsames Wesen aus Stein an die bekannte Sage vom Basilisken, der Anfang des 13. Jhs. im Brunnen des Hinterhofs gehaust und die Menschen in Angst und Schrecken versetzt haben soll. Gleich daneben (Nr. 5) führt ein Durchgang in den ❽ **Heiligenkreuzer Hof**. Verlasse diese stimmungsvolle Oase durch das Tor vis-à-vis, und *wende dich dann zweimal nach rechts. Folgst du als Nächstes dem Fleischmarkt in westlicher Richtung, so gelangst du jenseits der Rotenturmstraße* in das sogenannte Bermudadreieck, ein quirliges Bar- und Beislviertel. Als zeitlose Ruhe verströmender Kontrapunkt steht in seiner Mitte eines der ältesten Gotteshäuser der Stadt: die romanische ❾ **Ruprechtskirche** ➤ S. 49.

GOTIK, BAROCK & LUXUSLÄDEN

Durch die Judengasse, mit ihren Boutiquen ein kleines Mekka für Modenarren, kommst du auf den ❿ **Hohen Markt** ➤ S. 47. Nach einem *Abstecher durch die Salvatorgasse* zur Kirche ⓫ **Maria am Gestade** ➤ S. 47, einem viel zu wenig beachteten, von einem filigranen Turmhelm bekrönten Juwel aus der Gotik, geht es *vorbei an zwei herrlichen Barockbauten* – der ehemaligen **Böhmischen Hofkanzlei** und dem **Alten Rathaus** – auf den Judenplatz. Hier steht, in Form einer steinernen Bibliothek, das zentrale ⓬ **Mahnmal für die österreichischen jüdischen Opfer der Schoah**. Der nächste, nicht minder geschichtsträchtige Platz, den du *durch die Drahtgasse* erreichst, heißt ⓭ **Am Hof** ➤ S. 46. Er bildete die größte Freifläche der mittelalterlichen Stadt. Das prächtige Bankgebäude an seiner Ostseite wurde 2014 in ein spektakuläres Fünf-Sterne-Hotel, das **Park Hyatt**, verwandelt. Dahinter erstreckt sich das **Goldene Quartier**, eine lange Reihe luxuriöser Geschäfte der internationalen Mode- und Accessoires-Industrie.

LOOSHAUS: MEILENSTEIN DER ARCHITEKTUR

Schlendere nun, *die Naglergasse und Wallnerstraße querend*, zum ⑭ **Michaelerplatz**. In seiner Mitte ha-

⑭ Michaelerplatz

Schau mal hoch zum Muskelprotz: Er trägt locker die Böhmische Hofkanzlei

ben Archäologen die Reste eines römischen Hauses freigelegt. An seiner Nordseite erhebt sich das **Looshaus** ➤ S. 39, mit dessen ornamentloser Fassade Adolf Loos kurz vor dem Ersten Weltkrieg einen anfangs heftig kritisierten Meilenstein der modernen Architektur geschaffen hat. Vor etlichen Jahren ließ eine örtliche Bank dieses Bauwerk bis ins Detail originalgetreu renovieren. Seither begeistern die Fassade aus Marmor und das holzgetäfelte Foyer durch ihre schlichte Eleganz noch mehr.

VON DER KONSUMMEILE ZUR HOFBURG

Wer luxuriös einkaufen möchte oder einfach einen Schaufensterbummel machen, der hat am angrenzen-

⑮ Hofburg

den Kohlmarkt, der wohl elegantesten Konsummeile Wiens, die Möglichkeit dazu. Der eigentliche Weg aber bringt dich in die Gegenrichtung, zur ⑮ **Hofburg** ➤ S. 36, und zwar zunächst *durch das von einer mächtigen grünspanigen Kuppel überwölbte Michaelertor in den Inneren Burghof.* Rechter Hand, im sogenannten Reichskanzleitrakt, befindet sich der Eingang in die **Kaiserappartements** ➤ S. 39, die Arbeitsräume und Privatgemächer Kaiser Franz Josephs und seiner Gattin Elisabeth, der hier ein eigenes **Sisi-Museum** ➤ S. 39 gewidmet ist. Derselbe Aufgang führt in die ebenfalls sehr sehenswerte **Silberkammer** ➤ S. 39.

FEUDALE PRACHT DER HABSBURGER

⑯ Heldenplatz

⑰ Soho in der Nationalbibliothek

⑱ Jüdisches Museum

⑲ Dorotheum

⑳ Augustinerkirche

Geh von der Südostecke des Hofes durch die Ladenpassage, bis du wenig später auf dem ⑯ **Heldenplatz** ➤ S. 36 stehst. Auf dieser gewaltigen Freifläche empfängt einen die ganze feudale Pracht des einstigen habsburgischen Riesenreiches. Wer sich davor noch stärken möchte, kann das preisgünstig und sehr schmackhaft machen im ⑰ **Soho in der Nationalbibliothek** ➤ S. 84. Du findest den *Eingang hinter der Burgkapelle. Danach lässt du den Heldenplatz hinter dir und wanderst südostwärts*, an der Michaelerkirche vorbei, *durch die Augustinerstraße. Ein Abstecher etwa 250 m nach links in die Dorotheergasse* führt dich zum ⑱ **Jüdischen Museum Wien** ➤ S. 43, das regelmäßig mit hochinteressanten Themenausstellungen aufwartet. Anschließend erkundest du das stets üppige Angebot im Auktionshaus ⑲ **Dorotheum** ➤ S. 91 und wirfst auch einen Blick in die gotische ⑳ **Augustinerkirche** ➤ S. 34, in der einst die Habsburger zu heiraten pflegten. *Zurück auf der Augustinerstraße, geht es*, vorbei an der *Albertina* ➤ *S. 33* und Alfred Hrdlickas eindrucksvollem *Mahnmal gegen Krieg und Faschismus* ➤ *S. 34*, zur *Staatsoper* ➤ *S. 33, 109*.

BITTE EINE SACHERTORTE!

㉑ Café Sacher Wien

Einen stimmigen kulinarischen Schlussakkord setzt du, unmittelbar an der Hinterseite des weltberühmten Musentempels, mit der Einkehr im ㉑ **Café Sacher Wien** *(tgl. 8–24 Uhr | Philharmonikerstr. 4)*. In diesem Traditionscafé im Erdgeschoss des gleichnamigen Luxushotels empfiehlt sich zum Ausklang eine Tasse Melange und ein Stück der legendären Schokotorte.

3 LEOPOLDSTADT, MODERNES WIEN UND PRATER

- **Durchs jüdische Viertel zur barocken Gartenanlage**
- **Bootfahren auf der Alten Donau mit Blick auf den DC Tower**
- **Riesenrad und Zuckerwatte – rein ins Vergnügen!**

Schwedenplatz

Schweizerhaus

ca. 5 km (ohne U-Bahn-Fahrten)

1 Tag, reine Gehzeit 1–2 Stunden

Die Tour eignet sich am besten in der warmen Jahreszeit, da sonst viele Unternehmungen nicht möglich sind.

JÜDISCHES LEBEN, TRENDIGE LOKALE

1 Schwedenplatz

Dieser Spaziergang startet am Donaukanal, genauer: am 1 **Schwedenplatz**, und *führt über die gleichnamige Brücke in den Zweiten Bezirk*, die **Leopoldstadt** ➤ S. 58. Das dortige Gassenlabyrinth war über Jahrhunderte Ghetto und hieß, weil bis 1938 hier vorwiegend Juden wohnten, im Volksmund Mazzesinsel. Zur Zeit des sogenannten Dritten Reiches wurde es „entvölkert" und „arisiert". Inzwischen ist hier wieder eine recht dichte jüdische Infrastruktur mit Synagogen und Bethäusern, koscheren Läden und Lokalen, Schulen und Altenheimen gewachsen.

2 Karmelitermarkt

Erster Anlaufpunkt ist der 2 **Karmelitermarkt**, *den du über die gleichnamige Gasse, die als vierte von der Taborstraße nach links abzweigt (siehe grüner Wegweiser), erreichst*. Dieser bereits seit 1671 bestehende Markt hat sich in den letzten Jahren zum Zentrum einer jungen Kunst- und Kreativszene entwickelt. Neben den angestammten Lebensmittelständen lockt eine Reihe trendiger Läden und Lokale zum Bummeln und Einkehren. Für einen Kaffee samt Gebäck oder Kuchen empfiehlt sich **Kaas am Markt** *(Di–Fr 9–18, Sa 8–14 Uhr | Stand 33–36)*, ein Mix aus Feinkostgeschäft und Gastrobetrieb mit ausgezeichneten Bio- und Slow-Food-Produkten sowie kleinen Gerichten.

BAROCKGARTEN FÜR PORZELLANFANS

③ Augarten

Durch die Große Sperlgasse drei, vier Häuserblöcke nordwärts, und du stehst am Eingang zum ③ **Augarten**, dem ältesten erhaltenen Barockpark in ganz Österreich. Im kaiserlichen Lustschloss gleichen Namens ist heute die weltberühmte Porzellanmanufaktur **Augarten** **➤ S. 93** beheimatet. Hier hast du die Gelegenheit, eine Betriebsführung mitzumachen *(Mo–Do 10.15 und 11.30 Uhr)* und anschließend im Museum und Shop Geschichte und Gegenwart des Weißen Goldes nachzuspüren. Oder spazier einfach durch den gepflegten Augarten. In einem stattlichen Palais nebenan sind Wiens legendäre Sängerknaben zu Hause. Und im hypermodernen *Konzertsaal für Musik und Theater (MuTh)* ➤ S. 109 geben die Jungs – keine schlechte Idee für

Erst Porzellan gucken, dann durch den Park schlendern: Augarten hoch zwei

einen deiner restlichen Abende in Wien! – regelmäßig Konzerte.

VOM PARK ZUR UNO-CITY

Hast du Hunger? Im Sommer sitzt du sehr gemütlich im Gastgarten der ❹ **Schankwirtschaft** *(Mo–Sa 11–23, So 10–23 Uhr | Obere Augartenstr. 1a | schankwirtschaft.at | €€)* am Südrand des Parks. Alternativ kannst du bei Regen oder Kälte in der einen Block südlich gelegenen trendigen Gaststätte **Schöne Perle** *(tgl. 11.30–23 Uhr | Große Pfarrgasse 2 | €€)* einkehren oder das Angebot am Karmelitermarkt erkunden. Nachdem du zur Verdauung durch die schattigen Parkalleen flaniert bist, *wanderst du durch die Novaragasse zum Praterstern, besteigst die U 1 und fährst bis zur Station Kaisermühlen-VIC*. Dein Ziel: die ❺ **Uno-City**. Der riesige, aus vier Glastürmen bestehende Komplex machte Wien bei seiner Eröffnung 1979 zum damals weltweit dritten Sitz der Vereinten Nationen und verlieh der Stadt einen gewaltigen Schub an internationalem Flair. Bei einer 90-minütigen Führung *(Mo–Fr 14 Uhr, Juli/Aug. auch 11 Uhr, ohne Anmeldung | Eintritt 10 Euro)* erfährst du Wissenswertes über die Geschichte der Vereinten Nati-

❹ Schankwirtschaft

❺ Uno-City

onen und ihre hier untergebrachten Einrichtungen – wie dem Büro für Drogen- und Verbrechensbekämpfung oder der Atomenergie-Organisation.

BOOTFAHREN AN DER ALTEN DONAU

6 Alte Donau

Lust auf frische Luft? Spaß macht in der warmen Jahreszeit eine beschauliche Bootspartie auf der nahe gelegenen 6 **Alten Donau** ➤ S. 114. Vom Wasser aus hast du die eindrucksvolle Hochhauskulisse des „Neuen Wien" mit dem alles überragenden, 250 m hohen DC Tower vor Augen. Tret- und Elektroboote kannst du direkt neben der *U-Bahn-Station Alte Donau* in der **Marina Hofbauer** oder in der Segelschule gleichen Namens am gegenüberliegenden Ufer ausleihen. Wem das zu gewöhnlich ist, der tuckert im Inselboot mit Palme *(für bis zu 8 Pers./ 65 Euro pro Std.)* oder im Sofaboot *(für bis zu 4 Pers./49 Euro pro Std.)* übers Wasser. Am besten reservierst du vorher bei der **Schinakl-Bootsvermietung** *(meine-insel.at)*. Danach vertrittst du dir ein wenig die Beine auf der malerischen Uferpromenade dieses 8 km langen Donau-Altarms und legst anschließend eine Rast ein in der 7 **Ufertaverne** *(tgl. April 11–21 Uhr, Mai–Aug. 9–24 Uhr, Sept. 9–21 Uhr, Winterhalbjahr geschl. | An der Oberen Alten Donau 186 | ufertaverne.at | €)* am Nordufer nahe der Kagraner Brücke.

INSIDER-TIPP
Gestatten, Robinson Crusoe!

7 Ufertaverne

DAS JÜDISCHE WIEN

Es gibt nur wenige Großstädte in Europa, deren Geschichte so eng mit der ihrer jüdischen Gemeinde verstrickt ist wie Wien. Schon 1420 waren hier im Zuge der sogenannten Gesirah, eines besonders blutigen Pogroms, Hunderte ansässige Juden in den kollektiven Selbstmord getrieben worden. Nach der Revolution von 1848 erlebte die örtliche Gemeinde dann eine Epoche der Toleranz, wuchs auf 200 000 Mitglieder an und galt als reichste Europas. 65 000 wurden nach Österreichs „Anschluss" 1938 in den KZs der Nazis ermordet, die anderen konnten noch rechtzeitig fliehen, ein paar Hundert überlebten versteckt als „U-Boote". Heute leben in Wien wieder etwa 15 000 Juden.

Schwindelfrei? Neue Perspektiven auf Wien eröffnet eine Runde mit dem Riesenrad

WALZERKÖNIG UND RIESENRAD

Zu guter Letzt fährst du *mit der U 1 zurück bis zum Praterstern. In der Praterstraße Haus Nr. 54* kannst du die ⑧ **Johann Strauß Wohnung** *(Di–So 10–13 und 14–18 Uhr | Eintritt 5 Euro)* besichtigen, in der Walzerkönig Johann Strauß Sohn viele Jahre lang lebte und unzählige Werke im Dreivierteltakt wie den „Donauwalzer" komponierte. Ein paar Hundert Meter weiter ist die nächste Attraktion: das ⑨ **Riesenrad** ➤ S. 60. Eine Runde in seinen roten Holzwaggons bietet ungewohnte Perspektiven auf die Stadt. Im Anschluss *schlenderst du zu Füßen des stählernen Wahrzeichens durch den Volksprater*, kaufst dir ein Ticket für eine Hochschaubahn oder genießt die ungarische Spezialität Langós, einen in Fett gebackenen Fladen aus Hefeteig. Speziell für Kinder sehr nett ist eine 20-minütige Runde durch den Auwald mit der **Liliputbahn** *(Juli/Aug. 10–20 Uhr, Mai/Juni 10–19 Uhr, April, Sept. 10–18 Uhr, März, Okt. 10–17 Uhr | Ticket 5 Euro, Kinder 3 Euro | Einstieg: hinter dem Planetarium).*

⑧ Johann Strauß Wohnung

⑨ Riesenrad

⑩ Schweizerhaus

DEFTIG ESSEN ODER ABTANZEN

Für einen ebenso authentischen wie deftigen kulinarischen Abschluss sorgt die Einkehr am frühen Abend im ⑩ Schweizerhaus ➤ S. 84. Wer lieber feiern möchte, findet hier auch den *Praterdome* ➤ S. 105, Österreichs größte Diskothek.

4 KAHLENBERG UND LEOPOLDSBERG

- ➤ Erholsames Wandern mitten durch die Weinberge
- ➤ Wien von oben genießen: gemütliche Einkehr mit toller Aussicht
- ➤ Im Gras liegen, träumen und der Musik lauschen

Start: Grinzing	Ziel: Grinzing
ca. 10 km (ohne Busfahrten)	4–6 Stunden, reine Gehzeit 2 ½–3 Stunden
sehr leicht	ca. 300 m

Für die Rückfahrt nach Grinzing musst du dich nicht beeilen – die Buslinie 38 A fährt bis Mitternacht alle Viertelstunde.

① Grinzing

600 m 12 Min.

② Heiligenstädter Friedhof

VON GRINZING LOSWANDERN

Wenn du Wiens Hausberge erwandern möchtest, löst du am besten erst mal eine 24-Stunden-Karte für 8 Euro und *fährst mit der Straßenbahn 38 bis zur Endhaltestelle oder im Bus 38 A bis zur Haltestelle* ① Grinzing. Von dort geht es *nordwärts über den bequemen Grinzinger Steig* bis zum stimmungsvollen ② Heiligenstädter Friedhof. Hier *wanderst du westwärts entlang dem Schreiberbach durch das Muckental langsam hügelan.*

AN WEINBERGEN UND WIESEN VORBEI

Anfangs ist die *Wildgrubgasse*, so heißt der in manchen Abschnitten schattige, dann wieder luftig-sonnige Weg, von mehreren Heurigenlokalen gesäumt. Das

Abendstimmung am Kahlenberg: Der lange Aufstieg wird beim Heurigen belohnt

Ambiente wird bald ländlicher, malerische Weinberge und offene Wiesen wechseln sich ab. *Hier geht's vorbei am vom Club der Grinzinger (CDG) kultivierten Weingarten*. Aberhunderte Prominente aus aller Welt, von Bill Clinton, Wladimir Putin und Michail Gorbatschow bis Heinz Rühmann, Sophia Loren und Udo Jürgens, haben Patenschaften über einzelne Rebstöcke übernommen. Das bezeugen persönliche Täfelchen. Einen Blickfang bildet auch, linkerhand in einer Talenge, das offensichtlich in Eigenbau errichtete Baumhaus. Später endet der Asphaltweg, und du wandelst zwischenzeitlich auf lehmigem Waldboden durch Hochwald. Schließlich *zweigt man, einem Wegweiser folgend, rechts ab* und erreicht auf der hier vom Autoverkehr weitgehend befreiten Kahlenberger Straße über ein paar Kehren den ❸ **Kahlenberg**.

3 km 69 Min.

❸ Kahlenberg

BEINE HOCH IM LIEGESTUHL

Auf diesem stolzen, 484 m hohen Waldhügel lädt nun das **Café Kahlenberg** *(April–Sept. So–Do 7–22, Fr/Sa 7–24 Uhr, Okt.–März tgl. 7–21 Uhr | Am Kahlenberg 3a)* zur Einkehr bei leckeren Mehlspeisen und Biokaffee. Von seinen insgesamt drei, im Sommer mit Liegestüh-

len bestückten Terrassen oder dem Wintergarten liegt dir Wien in seiner ganzen Pracht zu Füßen.

ABSTECHER AUF DEN LEOPOLDSBERG

1,7 km 26 Min.

❹ Leopoldsberg

Nach einer Kurzvisite in der benachbarten Josephskirche, die im Gedenken an die 1683 von hier gestartete Schlacht der christlichen Heere gegen die türkischen Besatzer von Wien erbaut wurde, *wanderst du über einen breiten Fußweg* in weniger als einer halben Stunde hinüber auf den ❹ Leopoldsberg. Dort stehen die Ruine der mächtigen Festung, die dort im 13. Jh. die Babenberger errichteten, sowie die frisch renovierte, doppeltürmige **Leopoldskirche**. Der Rundweg, der außen um den ummauerten Komplex herumführt, bietet dir einen prächtigen Blick auf Wien und die Donau, im Hofgarten kannst du dich erholen.

6,4 km 17 Min.

ZUR WIESE DER TRÄUME

Im Anschluss empfiehlt sich die *kurze Busfahrt (Linie 38 A) über die Höhenstraße* zum sogenannten ❺ **Cobenzl**, einem Aussichtspunkt auf dem Kahlenberg. Alternativ kannst du auch zu Fuß *zurück zum Kahlenberg und von dort auf dem Gehweg*, der diese in den 1930er-Jahren zwecks Arbeitsbeschaffung errichtete Aussichtsstraße säumt, *Richtung Westen spazieren*. Am Ziel der knapp einstündigen Wanderung locken gleich mehrere Attraktionen: zum einen, *nahe der Einmündung der Himmelstraße in die Höhenstraße*, keine Viertelstunde vom Cobenzl entfernt, die ❻ **Bellevue-Höhe**. Dort erinnert, am Rand einer riesigen Wiese, unter einer Baumgruppe eine Bronzetafel auf einer Stele daran, dass sich hier „am 24. Juli 1895 dem Dr. Sigm. Freud erstmals das Geheimnis des Traumes" enthüllte.

❺ Cobenzl

900 m 13 Min.

❻ Bellevue-Höhe

1 km 17 Min.

IM GRAS DER MUSIK LAUSCHEN

Nicht versäumen solltest du auch eine Stippvisite zum ❼ **Lebensbaumkreis Am Himmel** *(himmel.at)*, einem als Klangraum gestalteten Naturdenkmal, bei dem du an Wochenenden nachmittags, rücklings im Gras liegend und ganz Wien vor dir hingebreitet, gratis klassischer oder jazziger Musik aus 40 Lautsprechern lauschen kannst.

❼ Lebensbaumkreis Am Himmel

400 m 5 Min.

SISI UND DEM HIMMEL GANZ NAH

Kunstsinnige Nostalgiker erfreuen sich nun in unmittelbarer Nähe an der neogotischen ❽ **Sisi-Kapelle**. Danach genießt du nebenan im lichtdurchfluteten Café-Restaurant ❾ **Oktogon Am Himmel** *(März–Okt. Mi–Fr 12–22, Sa/So 11–22 Uhr, Nov.–Feb. Fr 12–22, Sa/So 11–22 Uhr | Himmelstr./Höhenstr.)* bei Kaffee und Kuchen oder etwas Herzhaftem erneut den Panoramablick. Schließlich fährst du, *zurück beim Cobenzl, im Bus 38 A wieder talwärts* nach ❶ **Grinzing** oder zur Endstation an der U 4 Heiligenstadt.

❽ Sisi-Kapelle

500 m 7 Min.

❾ Oktogon Am Himmel

3,9 km 19 Min.

❶ Grinzing

GUT ZU WISSEN

DIE BASICS FÜR DEINEN STÄDTETRIP

ANKOMMEN

ANREISE

Wenn du mit dem Auto über München und Salzburg oder über Passau anreist, kommst du meist über die Westautobahn A 1. Besorg dir vor Fahrtantritt unbedingt eine Autovignette! Die Anreise über Prag oder durch die Wachau geht über die Donauuferautobahn A 22.

Wiens riesiger neuer Hauptbahnhof fungiert als zentrale mitteleuropäische Schienenverkehrsdrehscheibe. Sämtliche Fernzüge ab/bis Wien, jene aus Richtung München, Passau und der Schweiz ebenso wie aus dem (Nord-)Osten Deutschlands und Prag, halten hier – mit direktem Anschluss an U-Bahnen und Straßenbahnen sowie Schnell- und Regionalbahnen. 24-Stunden-Zugauskunft: *Tel. 05 17 17.*

Von mindestens zehn deutschen Flughäfen fliegen Austrian und Lufthansa bzw. Easyjet und Eurowings nonstop nach Wien. Wiens internationaler Flughafen liegt im niederösterreichischen Schwechat, etwa 15 km südöstlich des Wiener Stadtzentrums.

Per Fernbus in die Donaumetropole: Flixbus bedient Wien von mehr als 50 deutschen Städten *(flixbus.de)*, Eurolines von neun deutschen Städten *(eurolines.de)*. Zentraler Ankunftsort für die meisten Anbieter ist der Vienna International Busterminal (VIB), unmittelbar neben der Station U 3 Erdberg. Ein Portal, das den raschen Vergleich zwischen Anbietern ermöglicht: *fahrtenfuchs.de*.

KLIMA & REISEZEIT

In Wien herrscht ein gemäßigtes Kontinentalklima. Das bedeutet kalte Winter, heiße, relativ trockene Sommer und viel Regen im Frühling und

Der Nahverkehr ist top: Mit der Straßenbahn geht's zum Kunsthistorischen Museum

Herbst. Ideal für eine Reise sind das späte Frühjahr oder der frühe Herbst. Wetterprognose: *orf.at/wetter*

ÖSTERREICH-INFORMATION

Aus ganz Deutschland gebührenfrei: *Tel. 00800 40 02 00 00 | austria.info*

MOBIL SEIN

VOM FLUGHAFEN IN DIE STADT

Vom Flughafen verkehren Busse zum Süd- und Westbahnhof *(Ticket 8 Euro | Fahrtdauer ca. 30 Min.)* sowie halbstündlich der Cityairport Train (CAT) nach Wien-Mitte *(Ticket 11 Euro| Fahrtdauer 16 Min. | cityairporttrain.com).*

INSIDER-TIPP
Ankommen wie die Wiener

Eine preisgünstige Alternative: Ebenfalls im halbstündlichen Takt fährt die S-Bahn (S 7) bis Wien Mitte oder zum Praterstern *(4,20 Euro, mit Vienna City Card die Hälfte | Fahrtdauer knapp 25 Min.).* Tickets dafür bekommst du an den roten ÖBB- und nicht an den grünen CAT-Automaten! Wer ins Taxi *(ab ca. 30 Euro in die Innenstadt | Fahrtdauer ca. 25 Min.)* steigen will: Nimm keins, das vor dem Flughafen parkt! Es ist viel teurer, weil du von einem Bundesland in das nächste fährst. In der Empfangshalle ist ein Taxistand von 40 100 – frag dort.

AUTO

Die Verkehrsregeln unterscheiden sich kaum von denen in Deutschland und in der Schweiz. In Österreich besteht für Autofahrer Gurt- und Warnwestenpflicht sowie Winterrreifenpflicht (Nov.–Mitte April) und für Motorradfahrer Helmpflicht. Die Alkoholgrenze beträgt 0,5 Promille, das Tempolimit auf Autobahnen 130, auf Landstraßen 100, in Ortschaften

50 km/h. Pannendienste: *ÖAMTC: Tel. 120* und *ARBÖ: Tel. 123.*
In fast allen Bezirken Wiens braucht man einen Parkschein, der immer nur für 90 Minuten gelöst werden darf. Du bekommst ihn in Tabak- und Zeitungsgeschäften (Trafiken) und an Ticketautomaten in U-Bahn-Stationen. Besser: Parke an einem der Park-&-Ride-Häuser *(3,40 Euro pro Tag | parkandride.at)* an den U-Bahn-Endstationen, und fahr mit öffentlichen Verkehrsmitteln in die Stadt.

FIAKER

In einer Pferdekutsche „erfährst" du die Schönheit Wiens. Die Große Stadtrundfahrt (mindestens 40 Min.) kostet 80 Euro, die Kleine Stadtrundfahrt (mindestens 20 Min.) 55 Euro. Alle Standplätze befinden sich im ersten Bezirk: auf der Augustinerstraße vor der Albertina *(K8)*, auf dem Heldenplatz an der Straße zwischen den Reiterstandbildern *(K8)* und auf dem Stephansplatz an der Nordseite des Doms *(L8)*, vor dem Petersplatz *(K8)* und dem Burgtheater *(J8)*. Spezielle Droschken erlauben auch Rollstuhlfahrern eine Rundfahrt *(110 Euro | 1 Std. | Vorbestellung unter Tel. 0699 10602935)*. Kulinarische Fiakerfahrten für ein bis vier Personen bietet *Riding Dinner (ridingdinner.com)* an.

FAHRRAD- UND E-SCOOTER-VERLEIH

An über 120 Stationen kannst du – die erste Stunde gratis, danach gegen eine geringe, per Kreditkarte zu bezahlende Gebühr – rund um die Uhr ein Citybike ausleihen *(citybikewien.at)*. Das Radwegenetz ist gut beschildert. Außerdem verleihen verschiedene Anbieter E-Scooter, die überall in der Stadt parken. Man zahlt pro gefahrener Minute, die Standorte findest du via App *(li.me, bird.co, tier.app)*.

ÖFFENTLICHE VERKEHRSMITTEL

Wien verfügt derzeit über fünf U-Bahn-Linien (Betrieb ca. 5–0.30 Uhr, in Nächten vor Sa, So und Ftg. durchgehend), mehrere Schnellbahnlinien sowie unzählige Straßenbahn-, Bus- und Nachtbuslinien. Eine sechste U-Bahn-Linie (verwirrenderweise die U 5, denn die U 6 gibt es bereits) wird aktuell gebaut. Die U 2 ist voraussichtlich bis 2022 auf der Teilstrecke zwischen Schottentor und Karlsplatz gesperrt.
Auskünfte über die schnellste Strecke zu deinem Ziel erhältst du über die Wiener-Linien-App qando. Alle Tickets sind an den Fahrkartenautomaten der U-Bahn-Stationen erhältlich, Nachtbustickets im Bus. Ein Einzelfahrschein für Bus, U- und Straßenbahn oder Schnellbahn (bis zur Stadtgrenze) kostet 2,40 Euro. Die Klimakarte hat acht Streifen, die jeweils eine Tagesnetzkarte für einen beliebigen Tag darstellen, und kostet 40,80 Euro. Noch günstiger sind die Zeit-Netzkarten (z. B. für 24 oder 48 oder 72 Stunden für 8 Euro oder 14,10 bzw. 17,10 Euro) oder die Wochenkarte (immer gültig von Mo–Mo) für 17,10 Euro.
Alle genannten Tickets gelten für das gesamte Stadtgebiet, Ringe wie in anderen Großstädten gibt es nicht. Zug-

auskünfte für Ausflüge in die Umgebung per Bahn rund um die Uhr unter *Tel. 051 71 73 sowie* über *oebb.at* und die App *ÖBB Scotty*. Speziell für Besucher gibt es für 24, 48 oder 72 Stunden die Vienna City Card (s. S. 148) und den EasyCityPass *(15, 20 oder 25 Euro | easycitypass.com)*. Diese Fahrscheine gelten für einen Erwachsenen und ein Kind unter 15 und beinhalten diverse Rabatte für Museen und Sehenswürdigkeiten. Aktuelle Fahrgastinfos unter *linien.at*.

Unter Sechsjährige zahlen generell nichts, ebenso Kinder von 6 bis 15 an Sonn- und Feiertagen sowie während der Ferien (Lichtbildausweis mitnehmen!). Regulär ermäßigte Tickets gibt es für Kinder (6–15 Jahre) und Senioren (ab 63 Jahre) sowie für Hunde, die man generell nur mit Maulkorb und Leine mitführen darf.

In beinahe allen U-Bahn-Stationen gibt es Aufzüge und in allen Waggons tiefergelegte Türen sowie genügend Freiraum für Kinderwägen etc. Der Straßenbahn-Fuhrpark besteht mehrheitlich aus stufenfreien Niederflurgarnituren. Anzeigen an den jeweiligen Stationen geben Auskunft, ob die nächste ankommende Straßenbahn für Rollstuhlfahrer geeignet ist. Allgemeine Infos über rollstuhlgerechte Infrastruktur liefern spezielle Stadtpläne, erhältlich über den *Wiener Tourismusverband (Tel. 01 21 11 42 22)*.

TAXI

Funktaxis *Tel. 01 31 300, Tel. 01 40 100, Tel. 01 60 160, Tel. 01 81 400*. Grundgebühr werktags: 3,80 Euro, So, 4,30 Euro, Funkbestellung: zusätzlich 2,80 Euro. Für Ziele außerhalb des Stadtgebiets muss der Preis im Voraus frei vereinbart werden.

VOR ORT

AUSKUNFT

Allgemeine Infos bekommst du bei *Wien-Tourismus* in der Innenstadt *(tgl. 9–19 Uhr | 1010 Wien | Albertinaplatz | Maysedergasse | Tel. 01 24 555 | ◫ K8)* sowie am Flughafen in der Ankunftshalle *(tgl. 6–23 Uhr | Tel. 01 70 07 01 | wien.info)*.

Infos, Ratschläge und Tickets für alle Besucher der Stadt bis 26 Jahre gibt's bei der *Jugend-Info (Mo–Fr 14.30–18.30 Uhr | 1010 Wien | Babenbergerstr. | Burgring | Tel. 01 4 00 08 41 00 | jugendinfowien.at | ◫ K9)* oder bei der Kinder-Info *(Di–Fr 14–18, Sa/So 10–17 Uhr | im Museumsquartier/Hof | Tel. 01 4 00 08 44 00 | kinderinfowien.at | ◫ J9)*.

BANKEN & KREDITKARTEN

Manche Filialen machen zwischen 12.30 und 13.30 Uhr Mittagspause. Die gängigen Kreditkarten werden meistens akzeptiert. Verlustmeldungen und Anfragen bei: American Express Tel. 01 51 51 10, Airplus/Diners Club Tel. 01 50 13 50, Mastercard Tel. 01 71 70 10, Visa Tel. 01 7 11 11.

INTERNETZUGANG & WLAN

Viele Cafés, aber auch Institutionen bieten kosten- und drahtlosen Internetzugang. Eine Auflistung der mehr als 600 Hotspots findest du unter *free wave.at*. Die Stadt Wien bietet an mehr als 400 Standorten ebenfalls ein öffentliches WLAN an, einsehbar sind diese über die App „Stadt Wien live".

FEIERTAGE

1. Jan.	Neujahr
6. Jan.	Heilige Drei Könige
März/April	Ostermontag
1. Mai	Tag der Arbeit
Mai	Christi Himmelfahrt
Mai/Juni	Pfingstmontag
Mai/Juni	Fronleichnam
15. Aug.	Mariä Himmelfahrt
26. Okt.	Nationalfeiertag
1. Nov.	Allerheiligen
8. Dez.	Mariä Empfängnis
25./26. Dez.	Weihnachten

POST

Die Öffnungszeiten sind meist *Mo–Fr 8–12 und 14–18 Uhr (Geldschalter bis 17 Uhr)*, Bezirkspostämter *(Mo–Fr 8–18, Sa 9–12)*, Hauptpost *(Mo–Fr 7–22, Sa/So 9–22 Uhr | Fleischmarkt 19 | U 4 Schwedenplatz | (L8)*; Westbahnhof *(Mo–Fr 7–21, Sa 9–18, So 9–14 Uhr | Europaplatz 3 | U 3, 6 Westbahnhof | (G10)*. Infos: *Tel. 08 10 01 01 00*

PREISE

Konsumgüter, Textilien und Lebensmittel sind meist etwas teurer als in Deutschland, aber viel billiger als in der Schweiz.

RAUCHEN

Zwar ist der Glimmstengel aus Amtsgebäuden und öffentlichen Einrichtungen verbannt, auch die Mehrzahl der Hotels ist mittlerweile nikotinfrei, Gastronomen jedoch müssen per Gesetz ihr Lokal als Raucher- bzw. Nichtraucherlokal deklarieren oder zumindest zwei strikt getrennte Bereiche anbieten (mit entsprechendem Symbol am Lokaleingang).

STADTRUNDFAHRTEN & -RUNDGÄNGE

Auf Schienen: In der Vienna Ring Tram geht es entlang der prächtigen Ringstraße. Du kannst an jeder Haltestelle zu- oder aussteigen *(ganzjährig tgl. 10–17.30 Uhr | Abfahrt am Schwedenplatz zu jeder halben und vollen Stunde, erste Fahrt 10 Uhr ab Staatsoper; Dauer: ca. 25 Min. | Ticket 9 Euro | Tel. 01 79 09-121)*. Günstiger fährst du mit den Trams 1 und 2, die auf derselben Strecke unterwegs sind; du musst nur ein Ticket für die öffentlichen Verkehrsmittel lösen (2,40 Euro).

INSIDER-TIPP
Sparen mit der Tram

Auf vier Rädern: Im Miet-Oldie *(Tel. 0664 4 11 88 93 | oldiefahrt.at)* kurvst du mit Fahrer durch die Stadt und ins Umland. Route und Dauer sind fix oder individuell wählbar. Private einstündige Touren im Oldtimer unter *oldtimertours.at*.

Per Fahrrad: Geführte zwei- bis dreistündige Touren kannst du bei *Bike & Guide (Tel. 06 6 45 16 35 33 | bikeandguide.com)*, *Pedal Power (Tel. 01 7 29 72 34 | pedalpower.at)* sowie *Vienna Explorer (viennaexplorer.com)* und *Prime Tours (primetours.at)* buchen. Gratis-Infomaterial, Verkauf von Radkarten und -literatur bekommst du bei *ARBÖ (Mariahilfer Str. 180 | Tel. 089 12 17 | (F11)* und *Radlobby ARGUS (Frankenberggasse 11 | Tel. 01*

5 05 09 07 | argus.or.at | K–L10).

Im Bus: Täglich mehrere Stadtrundfahrten veranstalten *Vienna Sightseeing Tours (24-Stunden-Ticket für vier Routen 29 Euro online | Tel. 01 7 12 46 83 0 | viennasightseeing.at)* und *Big Bus Vienna (Tagesticket für zwei Routen 26,10 Euro online | Tel. 01 90 59 10 00 | bigbustours.com/de).* Die Hop-on-Hop-off-Busse verkehren auf festen Routen zwischen rund 50 Stationen. Du kannst nach Belieben zu- und aussteigen.

Mit dem Motorschiff *(nur Mai–Okt.)* schippert dich *DDSG Blue Danube Schifffahrt (Tel. 01 58 88 00 | ddsg-blue-danube.at)* auf der Donau herum. Das Tagesticket (Hop-on-Hop-off) kostet 26 Euro, die Große Donaurundfahrt 29,90 Euro. Es geht auch bis in die slowakische Hauptstadt Bratislava (einfache Fahrt 30 Euro, am Wochenende 35 Euro).

Zu Fuß: Kostenlose Stadtspaziergänge bieten die *Vienna Greeters (2 Stunden, 2 Wochen im Voraus buchen unter viennagreeters.com/willkommen-in-wien)* und *Good Tours (goodvienna tours.eu/ger).* Spenden sind erwünscht. Fremdenführer vermittelt der *Vienna Guide Service (Tel. 01 5 87 36 33-62 | guides-in-vienna.at),* ein halber Tag kostet ca. 140 Euro, ein ganzer Tag (bis sechs Stunden) etwa 280 Euro.

Eine Gruppe von staatlich geprüften Fremdenführern bietet „Wiener Spaziergänge" zu stadtspezifischen Themen (pro Person 16 Euro) an. Monatsprogramme online und an den Infostellen *(Tel. 01 4 89 96 74 | wien guide.at).*

Mit der Polaroidkamera bist du bei *Instant Tours (2 ½ Std. | 55 Euro | instant.tours)* unterwegs. Bei einer der zahlreichen Touren der *Fotofüchse (ab 99 Euro | diefotofuechse.com)* begleiten dich zwei professionelle Fotografinnen durch die Innenstadt und im Grünen. Lass dir von Flüchtlingen und (ehemals) obdachlosen Menschen die Stadt zeigen. Einen definitiv klischeelosen Blick auf Wien versprechen Rundgänge mit *Shades Tours (ab 18 Euro | shades-tours.com)* und *Supertramps (15 Euro | supertramps.at).*

INSIDER-TIPP
Mit anderen Augen auf Wien sehen

Ist dir Gehen zu langsam? Dann buch eine sportliche Sightseeing-Tour, bei der du Sehenswürdigkeiten erläufst, etwa bei *Vienna SightRunning (vienna-sightrunning.at), Ruth Riehle – run and see (ruthriehle.at)* oder *Go! Running Tours Vienna (gorunningtours vienna.com).*

TELEFON & HANDY

Da die Roaming-Gebühren im EU-Ausland abgeschafft wurden, telefonierst du mit einer deutschen Handynummer aus Österreich zwar gratis nach Deutschland. Es kostet dich aber weiterhin, eine österreichische Nummer anzurufen. Auch Schweizer zahlen. Telefonieren innerhalb Österreichs ist aber sehr billig. Wer länger im Land bleibt oder über ausreichend Internetguthaben verfügen möchte, sollte sich eine Prepaidkarte kaufen. Wichtigste Betreiber: *A 1 (a1.net), Orange (orange.at), T-Mobile (t-mobile.at), Hutchison 3 (drei.at).* In deren Netze mieten sich Billiganbieter wie *hot*

(hot.at), *yesss (yesss.at)* oder *eety (eety.at)* ein. SIM-Karten und Guthaben sind in Supermärkten, Tabakläden (Trafiken) und Tankstellen erhältlich.
Vorwahl: von Deutschland und aus der Schweiz nach Österreich: 0043, von Österreich nach Deutschland 0049, in die Schweiz 0041 (dann Ortsvorwahl jeweils ohne 0 wählen).

WAS KOSTET WIE VIEL?

Taxi	1,42 Euro *pro Kilometer, tagsüber*
Kaffee	ca. 3,70 Euro *für eine Melange*
ÖPNV	8 Euro *für ein 24-h-Ticket*
Wein	etwa 4 Euro *für ein Glas (0,125 l) im Lokal*
Theater	ab 12 Euro *für eine Eintrittskarte*
Imbiss	etwa 2,80 Euro *für eine Käsekrainer am Würstlstand*

THEATER- & KONZERTKARTEN

Für die Staatsoper beginnt der Ticketverkauf ab März/April für die gesamte Folgesaison. Karten für die Staats- und Volksoper sowie das Burg- und Akademietheater im Vorverkauf sowie Restkarten erhältst du in der Kassenhalle der Bundestheater *(Operngasse 2 | bundestheater.at)*, online unter *culturall.com* und via Kreditkarte unter *Tel. 01 5 13 15 13*. Auskunft *Tel. 01 5 14 44 78 80* oder *artforart.at*. Für die Theater an der Wien, Ronacher, Raimundtheater und alle anderen Events, die im Wiener Veranstaltungs-Service/WVS angeboten werden, ist *Wien-Ticket* zuständig. *Zentrale Verkaufsstelle: Wien-Ticket-Pavillon (tgl. 10–19 Uhr | neben der Oper | Bestellung mit Kreditkarte (tgl. 9–21 Uhr) Tel. 01 5 88 85 | wien-ticket.at).*
Tickets im Internet: *culturall.com* bzw. *viennaticketoffice.com*.

TRINKGELD

Kellner und Taxifahrer bekommen zwischen 5 und 10 Prozent Trinkgeld, der Zimmerservice 1–2 Euro täglich, Kofferträger freuen sich über 0,50–1,50 Euro.

VIENNA CITY CARD

Die *Vienna City Card* berechtigt 24, 48 bzw. 72 Stunden (17, 25 bzw. 29 Euro) lang zur unbeschränkten Nutzung aller öffentlichen Verkehrsmittel (Achtung: nicht für die Ringtram!) innerhalb der Stadtgrenzen (ein Kind bis 15 fährt gratis mit). Dazu kommen Ermäßigungen in den meisten Museen und Sehenswürdigkeiten. Die *Vienna City Card Transfer* bietet zusätzlich kostenlosen Transfer mit allen Verkehrsmitteln vom und zum Flughafen Wien mit Check-in an der CAT-Station Wien Mitte/Landstraße, die öffentlichen Verkehrsmittel dürfen zwei Kinder gratis nutzen (34, 42 bzw. 46 Euro). Eine Hop-on-Hop-off-Bustour und einen geführten Stadtspaziergang zusätzlich bekommst du mit der *Vienna City Card Tour* (43, 51 bzw. 55 Euro). Und in der *Vienna City Card Transfer+Tour* ist neben der Bustour der Flughafentransfer inklusive (60, 68 bzw. 72 Euro). Ausweis bzw. Altersnachweis nicht vergessen! Die vier Varianten der Karte sind online *(wien.info/de/reiseinfos/vienna-city-card)*, am Flughafen, in vielen Hotels, in den Touristeninfos am Albertinaplatz *(tgl. 9–19 Uhr)* und am Hauptbahnhof *(tgl. 9–19 Uhr)*, über die Vienna City Card App und bei allen größeren Verkaufsstellen der Wiener Verkehrslinien erhältlich *(u. a. am Stephansplatz, Karlsplatz/Passage sowie im Westbahnhof | Mo–Fr 6.30–18.30, Sa, So 8.30–16 Uhr | Tel. 01 7 90 91 00 | wienerlinien.at)*.

ZOLL

Im Verkehr mit EU-Ländern gelten die Bestimmungen des europäischen Binnenmarkts: Pro Person sind Waren für den privaten Bedarf zollfrei, u. a. 800 Zigaretten, 10 l Spirituosen, 90 l Wein und 110 l Bier. Im Verkehr mit der Schweiz sind zollfrei: 5 l Wein, 1 l Spirituosen, 250 Zigaretten, Einkäufe bis 300 Franken.

NOTFÄLLE

DIPLOMATISCHE VERTRETUNGEN

Deutsches Konsulat: *1030 Wien | Strohgasse 14C | Tel. 01 71 15 40 | wien.diplo.de | U 4 Stadtpark | K9*

Schweizerische Botschaft und Konsulat: *1030 Wien | Prinz-Eugen-Str. 9a | Tel. 01 79 50 50 | eda.admin.ch/wien | U 1 Taubstummengasse | L10*

NOTRUFE

Apotheken-Bereitschaftsdienst: Tel. 14 55, Ärztenotdienst: Tel. 141, Feuerwehr: Tel. 122, Polizei: Tel. 133, Rettung: Tel. 144, Zahnärztlicher Nachtdienst: Tel. 01 5 12 20 78

WETTER IN WIEN

	JAN.	FEB.	MÄRZ	APRIL	MAI	JUNI	JULI	AUG.	SEPT.	OKT.	NOV.	DEZ.
Tagestemperaturen	1°	3°	8°	14°	19°	22°	25°	24°	20°	14°	7°	3°
Nachttemperaturen	-4°	-2°	1°	6°	10°	13°	15°	15°	11°	7°	3°	-1°
Sonnenschein Stunden/Tag	2	3	4	6	7	8	8	8	7	5	2	1
Niederschlag Tage/Monat	8	7	8	8	9	9	9	9	7	8	8	8

Sonnenschein Stunden/Tag

Niederschlag Tage/Monat

WIEN FEELING

ZUM EINSTIMMEN & AUSKLINGEN

LESESTOFF & FILMFUTTER

MISSION: IMPOSSIBLE – ROGUE NATION

Der österreichische Bundeskanzler wird ermordet – im Actionthriller, in dem Tom Cruise den Boss einer Untergrundorganisation jagt. Highlight: die Verfolgungsjagd über das Dach der Wiener Staatsoper. (2015, Regie: Christopher McQuarrie)

ES GEHT UNS GUT

Arno Geiger verknüpft die Geschichte einer bürgerlichen Wiener Familie geschickt mit der Geschichte Österreichs. Der Roman wurde mit dem Deutschen Buchpreis ausgezeichnet. (2005)

DIE STRUDLHOFSTIEGE

Auf höchstem literarischem Niveau vermittelt Heimito von Doderer die typisch wienerische Denk- und Lebensart kurz vor bzw. nach dem Ersten Weltkrieg, als die k. u. k Monarchie zusammenbrach. (1951)

KOMM, SÜSSER TOD

Starkabarettist Josef Hader spielt Exdetektiv Brenner in dieser Krimikomödie. Er führt das Publikum an entlegene Imbissbuden, Wohnsilos am Stadtrand und schließlich zum Donauinselfest. (2000, Regie: Wolfgang Murnberger)

PLAYLIST QUERBEET

0:58

DER NINO AUS WIEN – PRATERLIED
Wienerlied reloaded: Humorvoller Mundartpop

OSTBAHN-KURTI & DIE CHEFPARTIE – FEUER
Austropop der alten Schule (1985), u. a. mit dem legendären Musiker Willi Resetarits

GRANADA – WIEN WORT AUF DI
Mundartvariante von Billy Joels Piano-Klassiker „Vienna" (1977)

FALCO – VIENNA CALLING
„Wien, nur Wien, du kennst mich up, kennst mich down" – ohne Österreichs musikalischen Botschafter Falco († 1998) geht's gar nicht.

BILDERBUCH – BABA
Feiner Pop von einer der erfolgreichsten heimischen Bands. Baba bedeutet übrigens so viel wie tschüss oder servus.

Den Soundtrack zum Urlaub gibt's auf **Spotify** unter **MARCO POLO Vienna**

Oder Code mit Spotify-App scannen

AB INS NETZ

GOODNIGHT.AT
Welches Restaurant und welcher Club hat gerade neu eröffnet? Was kann ich heute Abend und am Wochenende erleben? Aktuelle News und Trends für die coolsten Veranstaltungen.

QANDO
Nie wieder die U-Bahn verpassen – mit dem mobilen Infoservice der Wiener Linien. Mit Echtzeitanzeige, Routenplaner und den kompletten Netzplänen. Zudem erhältst du mit dieser App auch Tickets und alle Störungsinformationen.

OSTARRICHI.ORG
Du weißt bisher nicht, was ein Grätzl ist und was ein Gschaftlhuber, was schiach bedeutet oder Tschick? Zum Glück gibt's das Online-Wörterbuch Österreichisch–Deutsch!

WIENER ALLTAGSPOETEN
Skurrile Unterhaltungen, wie man sie nur in Wien mithören kann: Eine Facebook-Seite schreibt sie auf und unterhält damit Zehntausende. Ziel des Ganzen: das Leben „mit Schmäh entragödisieren". (facebook.com/Wiener Alltagspoeten)

TRAVEL PURSUIT

DAS MARCO POLO URLAUBSQUIZ

Weißt du, wie Wien tickt? Teste hier dein Wissen über die kleinen Geheimnisse und Eigenheiten von Stadt und Leuten. Die Lösungen findest du in der Fußzeile. Und ganz ausführlich auf den S. 20–25.

❶ Welche Droge spritzte sich Kaiserin Sisi?
a) Kokain
b) Heroin
c) Meth

❷ Was ist (zumindest bisher) kein Name eines Musikers/einer heimischen Band?
a) Voodoo Jürgens
b) 5/8erl in Ehr'n
c) Schau ma mal

❸ Was wurde in Wien erfunden?
a) Schnitzel
b) Gulasch
c) keins von beiden

❹ Woher kommt das Wiener Leitungswasser?
a) von der Rax, einem Berg
b) von der Donau
c)) von einer Quelle im Nationalpark Donauauen

❺ Es lebe Falco! Aber wann raste der legendäre Musiker in den Tod?
a)1992
b)1998
c)2001

❻ Wie sagt man in Wien zu einer Weinschorle?
a) G'spritzter
b) Saurer
c) Wiener Mischung

Erkannt? Im Hintergrund siehst du ein fürs Wiener Wasser wichtiges Gestein

Lösungen: 1a, 2c, 3c, 4a, 5b, 6a

REGISTER

LOB ODER KRITIK? WIR FREUEN UNS AUF DEINE NACHRICHT!

Trotz gründlicher Recherche schleichen sich manchmal Fehler ein. Wir hoffen, du hast Verständnis, dass der Verlag dafür keine Haftung übernehmen kann.

MARCO POLO Redaktion • MAIRDUMONT • Postfach 31 51
73751 Ostfildern • info@marcopolo.de

Impressum
Titelbild: Blick vom Rathaus zur Votivkirche (Schapowalow: H.-J. Jockschat)
Fotos: AWL Images: P. Adams (142/143), N. Farrin (111), J. Sweeney (38); AWL Images/Travel Pix Collection (41); B. Breitegger (155); DuMont Bildarchiv: T. Anzenberger (10, 17, 31, 98/99, 112/113, 150/151), E. Wrba (9, 70/71, 93); Getty Images: T. Barwick (86/87); Heidrun Henke (118/119); huber-images: F. Cogoli (12/13), O. Fantuz (6/7), M. Ripani (14/15), R. Schmid (60, 137); Laif: P. Adenis (48), G. Azumendi (108), E. Rois & B. Stubenrauch (106, 120/121, 134), T. Gerber (36/37), R. Haidinger (21), Kirchgessner (97), T. Linkel (26/27), P. Rigaud (81, 82/83, 85, 139), M.-O. Schulz (33), B. Steinhilber (76, 78), C. Stukhard (50); Laif/hemis.fr: L. Maisant (75); Laif/Le Figaro Magazine: Martin (34); Laif/robertharding: E. Rooney (2/3), M. Runkel (44); Look: R. Mirau (69), T. Richter (25); mauritius images / TPG RF (57); mauritius images: W. Dietrich (52), R. Mattes (8), R. Mirau (125), V. Preusser (64, 152); mauritius images/Alamy: I. Dagnall (94), K. Thomas (Klappe vorne außen, Klappe vorne innen, 1), E. Wrba (54); mauritius images/Alamy/RUBI cesartarragona: C. O. Crespo (114/115); mauritius images/Alamy/volkerpreusser (116/117); mauritius images/Alamy/Zoonar/sven h (131); mauritius images/allOver (58); mauritius images/imagebroker: K. F. Schöfmann (67); mauritius images/Westend61: K. Thomas (4); picture-alliance: R. Hackenberg (104); picture-alliance/APA/picturedesk.com: R. Herrgott (91), H. Lehmann (11); picture-alliance/EPA: C. Bruna (22); Stephan Lemke (103); vario images/McPHOTO (47)

21. Auflage 2020, komplett überarbeitet und neu gestaltet

Autoren: Benjamin Breitegger, Walter M. Weiss
Redaktion: Karin Liebe
Bildredaktion: Veronika Plajer
Kartografie: © MAIRDUMONT, Ostfildern (S. 122–123, 127, 129, 135, 140, Umschlag außen, Faltkarte); © Wiener Linien, Wien (Umschlag innen); © MAIRDUMONT, Ostfildern, unter Verwendung von Kartendaten von OpenStreetMap, Lizenz CC-BY-SA 2.0 (S. 28–29, 32, 43, 51, 55, 59, 63, 72–73, 88–89, 100–101)
Gestaltung Cover, Umschlag und Faltkartencover: bilekjaeger_Kreativagentur mit Zukunftswerkstatt, Stuttgart; Gestaltung Innenlayout: Langenstein Communication GmbH, Ludwigsburg
Konzept Coverlines: Jutta Metzler, bessere-texte.de

Printed in Poland

MIX
Paper from responsible sources
FSC® C018236
FSC www.fsc.org

MARCO POLO AUTOR
BENJAMIN BREITEGGER
wollte nie in die Großstadt und lebte dann doch zuerst in Wien, später auch in Hamburg, Berlin und München. Die helle Donauinsel und die dunklen Beisln (Kneipen, Boazn) zogen ihn schließlich wieder zurück in die österreichische Hauptstadt. Heute ist er zu Hause in der Wiener Leopoldstadt, wo er als Journalist für verschiedene Zeitungen und den Rundfunk arbeitet.

Kriege gehören ins Museum®
WH-282640
HGM
HEERESGESCHICHTLICHES MUSEUM
www.hgm.at
UNSER HEER